Informationstechnik
und
Datenverarbeitung

Reihe „Informationstechnik und Datenverarbeitung"

M. M. Botvinnik: Meine neuen Ideen zur Schachprogrammierung.
Übersetzt aus dem Russischen von A. Zimmermann. X, 177 S., 42 Abb. 1982.

K. L. Bowles: Pascal für Mikrocomputer. Übersetzt aus dem Englischen
von A. Kleine. IX, 595 S., 107 Abb. 1982.

W. Kilian: Personalinformationssysteme in deutschen Großunternehmen.
Ausbaustand und Rechtsprobleme. Unter Mitarbeit von T. Heissner,
B. Maschmann-Schulz. XV, 352 S. 1982.

A. E. Çakir (Hrsg.): Bildschirmarbeit. Konfliktfelder und Lösungen.
XI, 256 S., 75 Abb. 1983.

W. Duus, J. Gulbins: CAD-Systeme. Hardwareaufbau und Einsatz.
IX, 107 S., 41 Abb. 1983.

H. Niemann, D. Seitzer, H. W. Schüßler (Hrsg.):
Mikroelektronik – Information – Gesellschaft. XI, 213 S., 80 Abb. 1983.

J. Kwiatkowski, B. Arndt: Basic. 2., korr. Auflage. XI, 179 S. 1984.

E. E. E. Hoefer, H. Nielinger: SPICE. Analyseprogramm für elektronische
Schaltungen. 223 S., 162 Abb., 36 Tab. 1985.

R. Gleaves: Modula-2 für Pascal-Programmierer. X, 183 S. 1985.

W. Junginger: FORTRAN 77 – strukturiert. XIII, 451 S., 75 Abb. 1988.

F. J. Heeg: Empirische Software-Ergonomie. Zur Gestaltung benutzergerechter
Mensch-Computer-Dialoge. X, 227 S., 79 Abb. 1988.

H. Lochner: APL2-Handbuch. X, 331 S., 19 Abb. 1989.

G. Staubach: UNIX-Werkzeuge zur Textmusterverarbeitung.
Awk, Lex und Yacc. X, 157 S. 1989.

J. A. Brown, S. Pakin, R. P. Polivka: APL2 – Ein erster Einblick. XIV, 373 S. 1989.

M. Dürr, K. Radermacher: Einsatz von Datenbanksystemen.
Ein Leitfaden für die Praxis. XIII, 217 S., 78 Abb. 1990.

W. F. Clocksin, C. S. Mellish: Programmieren in Prolog. XIV, 331 S., 43 Abb. 1990.

E. Heck, F. Kumpmann: NeWS – Das Netzwerkfähige Window-System.
Einführung und Anleitung. VIII, 120 S., 37 Abb. 1990.

K. Jensen, N. Wirth: Pascal-Benutzerhandbuch. Unter Berücksichtigung
der DIN-Norm 66 256. Bearbeitet von Andrew B. Mickel und James F. Miner.
XIV, 246 S., 80 Abb. 1991.

S. Pappe: Datenbankzugriff in offenen Rechnernetzen. X, 205 S., 69 Abb. 1991.

R. Fößmeier: Die Schnittstellen von UNIX-Programmen. Tips zur
Programm-Organisation unter UNIX. X, 152 S., 61 Abb. 1991.

Reinhard Fößmeier

Die Schnittstellen von UNIX-Programmen

Tips zur Programm-Organisation
unter UNIX

Mit 61 Abbildungen

Springer-Verlag

Berlin Heidelberg New York
London Paris Tokyo
Hong Kong Barcelona

Reinhard Fößmeier

Dollmannstraße 19
W-8000 München 90

ISBN-13: 978-3-540-53521-8   e-ISBN-13: 978-3-642-95647-8
DOI: 10.1007/978-3-642-95647-8

45/3140-543210 – Gedruckt auf säurefreiem Papier

Vorwort

Das Betriebssystem UNIX[1] erfreut sich wachsender Verbreitung auf Rechnern aller Klassen, vom Einplatzsystem bis zum Supercomputer. Es ist nach einer Reihe von Grundsätzen aufgebaut, die möglichst große Übersichtlichkeit, Flexibilität und Portabilität sowohl der System-Programme als auch zu erstellender Benutzerprogramme ermöglichen. Diese Grundsätze, zu denen u. a. die bevorzugte Verwendung kleiner, aber universeller Werkzeuge gehört, sind z. B. bei Buschlinger (1985) formuliert und werden häufig als UNIX-*Philosophie* bezeichnet.

UNIX hat eine längere Entwicklung hinter sich, an der, oft unabhängig voneinander, viele Menschen beteiligt waren. Eine Beschreibung des Systems gleicht daher in vieler Hinsicht der Arbeit eines Linguisten oder Grammatikers, der a posteriori nach Regeln in einer Sprache sucht, die ohne bewußte Absicht evolutionär entstanden sind. Solche Regeln haben die Grundphilosophie im Laufe der Zeit ergänzt und bis zu einem gewissen Grad formalisierbar gemacht.

Die UNIX-Philosophie hat zur Entwicklung einer Reihe von Standardwerkzeugen geführt, die sich durch Standard-Schnittstellen miteinander verbinden lassen, wodurch viele Probleme ohne das Schreiben eigener Programme lösbar sind. Diese Standardwerkzeuge sind in den Systemhandbüchern ausreichend dokumentiert und in vielen Büchern gut beschrieben. Dem Benutzer, der Einzelheiten zu einem bestimmten Kommando lernen oder nachschlagen will, steht damit reichhaltiges Material zur Verfügung. In der Praxis gibt eine Aufgabe jedoch keine unmittelbaren Hinweise auf die Werkzeuge, mit denen sie sich lösen läßt. Hier ist der Programmierer auf seine Intuition angewiesen, die ihn vertraute Grundstrukturen, insbesondere Schnittstellen, wiedererkennen läßt und auf diesem Wege dann auch zu geeigneten Werkzeugen hinführt. Erst im letzten Stadium dieses Prozesses setzen die meisten Lehr- und Nachschlagewerke ein.

Dieses Buch versucht früher anzusetzen und den Programmierer mit bestimmten Schnittstellen vertraut zu machen, die sich in der Entwicklung und im Gebrauch von UNIX herauskristallisiert haben. Anhand einer detaillierten Beschreibung dieser Schnittstellen wird das Zusammenwirken von Werkzeugen untereinander und auch mit Benutzerprogrammen erklärt. Dieser Ansatz berücksichtigt stärker den mehr datenorientierten Zugang eines modernen Software-Entwurfs; er kann den Leser, der schon Grundkenntnisse über UNIX besitzt, zu einem tieferen Verständnis der UNIX-Philosophie führen, als er es durch das Studium einzelner Kommandos und Systemaufrufe erwerben könnte.

---

1 UNIX ist ein in den USA und anderen Ländern eingetragenes Warenzeichen der Bell-Laboratorien von AT&T

Ein so unbestimmter Begriff wie die *Philosophie* eines Betriebssystems läßt sich natürlich nicht rein theoretisch vermitteln, deshalb habe ich in allen Abschnitten darauf geachtet, ausreichend Beispiele zu bringen; sowohl einfache, um die Funktion zu erläutern, als auch realistischere, um die Anwendung zu demonstrieren. Wo es möglich ist, füge ich Erklärungen direkt als Kommentare in den Kommando- oder Programmtext ein. Praktisch interessante oder umfassendere Beispiele, die sich auf mehrere Abschnitte beziehen, sind im Anhang B zusammengefaßt. Ein kleines Glossar erklärt schließlich wichtige Fachausdrücke, die vielleicht kein Allgemeingut sind oder speziell in diesem Buch eingeführt werden.

Die Beschreibungen in diesem Buch setzen voraus, daß der Leser bereits erste Kontakte mit einem UNIX-System geknüpft hat. Es ist daher weder als Einführung für den UNIX-Neuling gedacht noch als Nachschlagewerk für Kommandosyntax oder -optionen konzipiert; dazu sind die Systemhandbücher da, die es schon vom Umfang her nicht ersetzen kann. Ich habe versucht, wesentliche Eigenschaften, Möglichkeiten und Besonderheiten aufzuführen, und verweise an geeigneten Stellen auf weiterführende Literatur.

Da es nicht überall möglich war, Versions-Abhängigkeiten auszuklammern, beziehe ich mich auf die UNIX-Version *System V*; gelegentlich verweise ich jedoch auf Unterschiede zu anderen UNIX-Versionen oder UNIX-ähnlichen Systemen. Alle Beispiele in diesem Buch wurden u. a. unter UNIX System V auf einem am Institut für Informatik der TU München entwickelten PAX-Rechner mit Prozessor INTEL 80286/7 getestet. Soweit Ausführungszeiten angegeben sind, beziehen sie sich auf diese Konfiguration.

Ein kleines Hindernis beim Verfassen dieses Buches war die teilweise noch verkümmerte deutsche Terminologie auf dem Gebiet UNIX und auf dem Gebiet der Datenverarbeitung allgemein. Obwohl es eigentlich kein Problem sein sollte, für Ausdrücke wie *shell* oder *pipe* ein deutsches Wort zu finden, zeigt die deutsche Sprache dabei sehr wenig Lebendigkeit (vgl. Probst 1989). Ich fühle mich hier nicht zu einem Alleingang berufen, möchte aber den Leser ermutigen, diese Situation nicht als unabänderlich hinzunehmen.

Ich möchte an dieser Stelle allen danken, die mit mir die Geheimnisse des UNIX-Systems erforscht haben, vor allem meinem Kollegen Ulrich Rüde, der mich auf viele interessante Aspekte aufmerksam gemacht hat. Besonderen Dank schulde ich weiterhin Dietmar Friede, durch den ich vor vielen Jahren mit UNIX in Kontakt gekommen bin. Dem Springer-Verlag gebührt Dank für seine Hinweise zur Gestaltung und zu inhaltlichen Details des Buches.

München, im Dezember 1990   *Reinhard Fößmeier*

Inhaltsverzeichnis

1 Einleitung

1.1 Übersicht

Der moderne *Software*-Entwurf orientiert sich häufig stark an den bearbeiteten Daten, die, vor allem im Spezifikationsstadium, oft einfacher zu beschreiben sind als der Verarbeitungsvorgang, der erst zu erarbeiten ist. Die Ein/Ausgabe-Spezifikation eines Programms, die eines der ersten Stadien beim Programmentwurf bilden sollte, beschreibt, welche Ausgabedaten zu bestimmten Eingaben erzeugt werden sollen. Sie umfaßt insbesondere auch das Format dieser Daten. Erst im Anschluß an sie und von ihr ausgehend wird die innere Struktur des Systems entworfen.

Dieses Vorgehen legt nahe, sich auch beim Programmieren in UNIX, das häufig auf der Kommandoebene unter Verwendung von Standard-Werkzeugen erfolgt, stärker an den etablierten Schnittstellen des Systems zu orientieren. Nur einige Charakteristika dieser Schnittstellen sind vom Systemkern bestimmt; andere haben sich einfach dadurch herausgebildet, daß viele Programme sie benutzen. Dazu gehören z. B. die regulären Ausdrücke (s. Abschnitt 2.7.2).

Schnittstellen sind im hier verwendeten Sinne sowohl genau definierte Kontaktstellen zweier oder mehrerer Programme als auch allgemeine Konzepte, die einen Rahmen für eine größere Anzahl konkreter Schnittstellen bilden. Ich behandle vor allem die *nicht-numerische Datenverarbeitung*, bei der die Vorteile von UNIX besonders zum Tragen kommen. „Nicht-numerisch" bedeutet dabei, daß die Verarbeitung nicht überwiegend von Rechenoperationen wie Addition und Multiplikation bestimmt wird, sondern von Operationen wie Vergleichen, Umordnen, Suchen und Ersetzen, die auf Objekte allgemeiner Natur anwendbar sind.

Abschnitt 2 des Buches führt eine grundlegende Einteilung der Schnittstellen ein, auf der die weiteren Abschnitte aufbauen. Abschnitt 3 beschreibt wichtige UNIX-Standardwerkzeuge, die eine große Anzahl von Problemstellungen abdecken und in diesen Fällen das Programmieren weitgehend überflüssig machen. Dabei wird besonderer Wert auf die Gestaltung der Schnittstellen dieser Werkzeuge gelegt.

Abschnitt 4 geht auf Besonderheiten der Programmierung in der Sprache C ein, die für die Kommunikation der Programme wichtig sind. Standardunterprogramme zur Behandlung von Schnittstellen werden ebenso beschrieben wie Programmiertechniken, die sich in Zusammenhang mit diesen Schnittstellen herausgebildet haben.

Abschnitt 5 beschäftigt sich mit einer besonderen Art der Datenverarbeitung, die das klassische Gebiet der Textverarbeitung darstellt, nämlich die Erstellung von Dokumenten in guter typografischer Qualität. Es wird ein Überblick über die UNIX-Programme *troff*, *eqn*, *tbl*, *pic* und *refer* gegeben, der dem Leser die Entscheidung über ihre Verwendung und ggf. den Einstieg ermöglichen soll. Schwerpunkt ist nicht die Gestaltung von Dokumenten, sondern die Abschirmung von Druckereigenschaften durch eine einheitliche Beschreibungsschnittstelle.

Abschnitt 6 greift etwas in die Zukunft, wenn er den Vorschlag der Gruppe X/OPEN zur *verschiedensprachlichen Datenverarbeitung* (NLS = *native language support*) beschreibt. Derzeit ist NLS auf vielen UNIX-Systemen noch nicht verfügbar. Da aber auf vielen Gebieten in der Datenverarbeitung die Beschränkung auf die englische Sprache und ihren Zeichensatz störend wirkt, wird sich NLS sicherlich zumindest in Europa bald verbreiten. Auch Abschnitt 7 befaßt sich mit einem neueren Thema, nämlich mit der Kommunikation in lokalen Rechnernetzen, die Schnittstellenprobleme eigener Art aufwirft.

Im Anhang A sind Tabellen zusammengefaßt, die zum Nachschlagen nützlich sind. Die in den Text eingestreuten Tabellen gehen aus dem Tabellenverzeichnis auf Seite 147 hervor. Anhang B enthält Beispiele, die sich nicht ohne weiteres einem Textabschnitt zuordnen lassen. Auf diese Beispiele wird teils im Text verwiesen.

1.2 Was ist eine Standard-Schnittstelle?

Manche der in diesem Buch aufgeführten Schnittstellen, etwa des Dateisystems, sind durch den Betriebssystemkern festgelegt und daher streng einheitlich; bei anderen wird diese Einheitlichkeit zwar nicht erzwungen, aber durch unterstützende Programme gefördert, etwa bei datenbank-ähnlichen Tabellen (s. Abschnitt 2.4.2), die durch Werkzeuge wie *sort* oder *awk* bearbeitet werden. In anderen Fällen, etwa bei regulären Ausdrücken, gibt es historisch bedingte Unterschiede bei verschiedenen Programmen. Wo Normen fehlen, wird teilweise versucht, sie durch geeignete Programm-Unterstützung einzuführen; ein Beispiel ist der Versuch, die Aufruf-Parameter von *Shell*-Prozeduren durch *getopts* zu vereinheitlichen (s. Abschnitt 3.1.3).

Was kann unter diesen Umständen Kriterium dafür sein, eine bestimmte Schnittstellengestaltung als Quasi-Norm zu besprechen? Zugrunde liegt hier einerseits der Vergleich analoger Eigenschaften verschiedener UNIX-Programme und andererseits die subjektive Erfahrung, welche Schnittstellen bei der Programmierung häufig auftreten. Viele der Prinzipien in diesem Buch sind somit durchaus nicht zwingend; man sollte sie aber kennen und wissen, was man tut, wenn man bewußt von ihnen abweicht.

Standardschnittstellen sind in der Programmiertechnik unter zwei Gesichtspunkten von Bedeutung: Erstens erleichtern sie die Wiederverwendung von *Software*, was sowohl vom Aufwand als auch vom Qualitätsanspruch her wünschenswert ist; zweitens können sie als Teil der Programmier*methodik* den Programmierer beim Systementwurf leiten. Sie gehören damit zum Methodenschatz der Programmiertechnik, der nach Baber (1986) den Unterschied zwischen Programmierung als esoterischer Kunst und als solider Ingenieurwissenschaft ausmachen sollte.

Die konvergierende Entwicklung der beiden UNIX-Linien *BSD* und *System V* gibt Hoffnung auf das Entstehen weiterer und gefestigter Standardschnittstellen, die die Programmierung in UNIX schneller und sicherer machen.

2 Einteilung der Schnittstellen

Ein UNIX-Programm wird im einfachsten Fall durch seinen Namen von einem Kommandointerpretierer (einer *Shell*) aus aufgerufen. Auf welche Arten kommuniziert es mit seiner Umgebung? Betrachten wir als Beispiel einen Aufruf des Editors *ed* mit einem Dateinamen *kap1* (vgl. Abbildung 1):

`ed kap1`

1. Das Programm (`ed`) erhält beim Start den Parameter *kap1*, der angibt, welche Datei editiert werden soll.
2. Das Programm liest den Wert der Umgebungsvariable *SHELL* und stellt fest, ob die volle oder die eingeschränkte Version der *Shell* (`sh`/`rsh`) verwendet wird.
3. Das Programm stellt fest, ob die Datei *kap1* vorhanden ist und liest sie gegebenenfalls.
4. Das Programm liest Befehle von der Tastatur, führt sie aus und gibt entsprechende Reaktionen auf den Bildschirm aus.
5. Bei Eingabe des Befehls *w* schreibt das Programm Information in die Datei *kap1* oder eine andere angegebene Datei.
6. Das Programm reagiert auf den Empfang bestimmter Unterbrechungssignale, z. B. wird ein teilweise eingegebener Befehl durch das Signal *SIGINT* gelöscht.
7. Bei Programmende meldet das Programm eine Zahl an die Aufrufumgebung zurück. Sie kann im Beispiel mit „echo $?" abgefragt werden.

Diese verschiedenen Kommunikationswege, diese Schnittstellen, über die das Programm mit der Außenwelt in Kontakt steht, lassen sich folgendermaßen einteilen:

Aufruf-Schnittstellen

Wenn ein Prozeß einen anderen startet, spielen drei Schnittstellen eine Rolle, über die die beiden Prozesse miteinander kommunizieren:

- *K-Schnittstelle:* die Parameter-Schnittstelle des *K*ommando-Aufrufs (1.). Hier erhält das Programm bei seinem Start einen oder mehrere Parameter. Im Beispiel waren das der Name *(ed)* des Programms selbst und der Name *(kap1)* der zu bearbeitenden Datei.
- *U-Schnittstelle:* die Werte der in der *U*mgebung vorhandenen Variablen (2.).
- *R-Schnittstelle:* der bei Programmende zurückgemeldete Wert (7.), *R*ückgabe- oder Antwort-Kode oder auch Ende-Status (s. System-V-Handbuch 1988) genannt.

Diese drei Schnittstellen gehören exklusiv zu dem neu gestarteten Prozeß. Dabei übertragen K- und U-Schnittstelle Informationen nur *an* diesen Prozeß, die R-

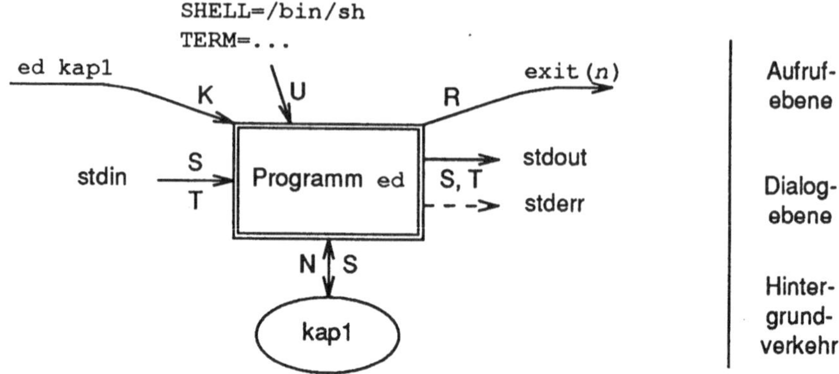

Abb. 1. Kommunikationswege eines UNIX-Programms

Schnittstelle nur in der umgekehrten Richtung. Jeder Prozeß hat genau eine eingehende K- und U-Schnittstelle und genau eine ausgehende R-Schnittstelle.

Dateisystem-Schnittstellen
Über folgende drei Schnittstellen haben Prozesse Zugang zum UNIX-Dateisystem,
zu dem auch Ein/Ausgabe-Geräte gehören:
- *S-Schnittstelle:* entsprechend einer *se*quentiellen Datei oder einem Datenstrom
  (3., 4., 5.).
- *N-Schnittstelle:* der Dateiknoten *(i-node)*, der die Datei *kap1* im UNIX-Datei-
  baum beschreibt.
- *T-Schnittstelle:* die Steuerung des Sichtgeräte- (`tty`-) Treibers, der z. B. das
  Editieren der Eingabe innerhalb einer Zeile selbsttätig übernimmt.

Prozeßkommunikation
Andere Schnittstellen ermöglichen direkte Kommunikation zwischen beliebigen
Prozessen, die (anders als bei K-, U- und R-Schnittstelle) nicht näher miteinander
verwandt zu sein brauchen. Dazu gehören
    Unterbrechungssignale (6.)
    Semaphore
    gemeinsame Speicherbereiche *(shared memory)*
    Botschaften
Diese Elemente, die man unter dem Begriff *P-*(Prozeß)*-Schnittstelle* zusammenfassen kann, sind untereinander sehr verschieden; ihre Gemeinsamkeit besteht
hauptsächlich darin, daß der Benutzer mit ihnen meist nicht unmittelbar in Kontakt kommt (außer bei manchen Unterbrechungen). Da die Kopplung über die P-
Schnittstelle wenig standardisiert ist und die universelle Anwendbarkeit der Programme nicht fördert, spielt sie in Standardwerkzeugen eine geringe Rolle. Wir
behandeln sie daher nur am Rande; hauptsächlich befassen wir uns mit K- und S-
Schnittstelle.

Außer der Kommunikation eines Prozesses mit dem Benutzer, dem Dateisystem und mit anderen Prozessen gibt es noch Systemaufrufe, die nur den Systemkern betreffen; dazu gehört etwa das Setzen eines Alarms oder die Abfrage der Uhrzeit.

2.1 Die K-Schnittstelle

2.1.1 Parameterübergabe

Jedes UNIX-Programm erhält beim Aufruf eine Reihe von Parametern. Sie haben die Form von Zeichenreihen, die durch das Zeichen \0 abgeschlossen sind. Es empfiehlt sich daher nicht, als Parameter allgemeine Byte-Muster zu übergeben, die ein 0-Byte enthalten könnten.

Die K-Schnittstelle dient nur zur Kommunikation in eine Richtung, von der Aufrufumgebung in das Programm. Ist das aufgerufene Programm ein *Shell*-Programm, so stehen ihm die Parameterwerte in den Variablen *$0*, *$1*... zur Verfügung; ihre Zahl ist in der Variable *$#* enthalten. Handelt es sich um ein C-Programm, so ist der erste Parameter der Routine *main* vom Typ *int* und enthält die Zahl der Parameter; der zweite Parameter, vom Typ *char***, enthält Zeiger auf die Anfänge der Zeichenreihen. Auf die Behandlung der Parameter in C-Programmen wird im Abschnitt 4.1 noch genauer eingegangen.

Wie der zweistufige C-Zeiger auf die Parameterliste andeutet, ist die K-Schnittstelle zweidimensional: Auf die einzelnen Parameter kann unabhängig von der Länge der davor stehenden beliebig zugegriffen werden (vgl. Abbildung 2). Das ist ein bedeutsamer Unterschied zu den S-Schnittstellen.

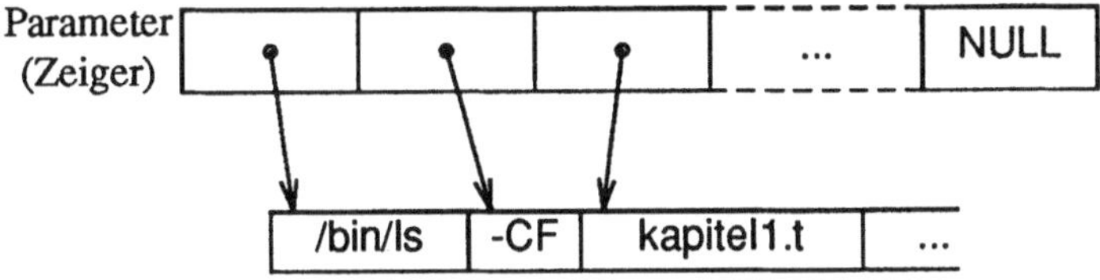

Abb. 2. Zweidimensionaler Zugriff auf die Parameter

2.1.2 Einteilung der Parameter

Da Kommandos in UNIX Programmen entsprechen, die vom Systemkern vollkommen unabhängig sind und jederzeit neu in das System eingefügt oder geändert werden können, lassen sich keine Regeln über den Aufbau der Parameterliste erzwingen. Es herrscht daher im Prinzip die Situation,

„...daß die Interpretation der Parameter vollständig dem Programmierer ... überlassen ist. Das kann inkonsistente Parameterversorgung bei Programmen bedeuten, die für den Benutzer ähnlich aussehen, aber zu verschiedenen Zeiten von verschiedenen Programmierern geschrieben wurden." Kap. 2.2.3, meine Übersetzung)

Es haben sich jedoch einige Grundsätze entwickelt, die von vielen, vor allem von den bekannten und wichtigen UNIX-Programmen eingehalten werden.

Bei den meisten Kommandos lassen sich die angegebenen Parameter in drei Gruppen einteilen:

a) Optionen, d.h. Steueranweisungen für die Verarbeitung, die Wünsche des Benutzers angeben. Sie haben gewöhnlich die Form eines einzelnen Zeichens, das einem Minuszeichen folgt. Es gibt Wertoptionen, denen ein Wert folgen muß, und Schaltoptionen, deren gesamte Information in ihrem Vorhandensein besteht. Gewöhnlich läßt man zu, daß mehrere Schaltoptionen gehäuft, als Gruppe hinter einem einzigen Minuszeichen, angegeben werden. Beispiel:

```
sort            # gewöhnlich (als Zeichenreihen) sortieren
sort -n         # nach Zahlenwert sortieren
```

b) Werteparameter, die einem Optionszeichen folgen und zu der betreffenden Option (Wertoption) einen Wert angeben. Das kann ein Zahlwert oder ein Dateiname sein. Gewöhnlich läßt man sowohl zu, daß der Wert unmittelbar auf das Optionszeichen folgt, als auch daß er im nächsten Parameter steht; die zweite Möglichkeit ist übersichtlicher und daher zu empfehlen (s. Foxley (1988), Anhang 5). Beispiel:

```
sort -oerg      # Ergebnis in die Datei  erg
sort -o aus     # Ergebnis in die Datei  aus
```

c) Namensparameter, die häufig Namen von Dateien darstellen, die das Programm bearbeiten soll. Namensparameter sollten nie Ausgabedateien darstellen, da sonst bei falscher Reihenfolge eine Eingabedatei zerstört wird. Vielmehr sollten Ausgabedateien als Werteparameter einer Option, z.B. *-o*, folgen.

Wenn eine wechselnde Zahl von Namensparametern mit derselben Funktion auftreten kann, stehen diese Parameter meist als letzte; so etwa die Archivteile beim Kommando *ar*, oder die Eingabedateien bei *cat* und verwandten Kommandos (vgl. Abschnitt 3.2.2). Eine Ausnahme bilden das Kommando *cp* (sowie *mv* und *ln*): wenn hier mehrere Quellen in ein Zielverzeichnis kopiert werden, stehen sie am Anfang, das Ziel dahinter.

Die Eingabe in die K-Schnittstelle erfolgt normalerweise über eine Routine aus der *exec*-Familie (s. Abschnitt 4.1). Beim interaktiven Arbeiten über eine *Shell* verbirgt diese den *exec*-Aufruf vor dem Benutzer; die Parameter werden einfach der Reihe nach, durch Trennzeichen getrennt, angegeben.

Im Prinzip ist es dem aufrufenden und dem aufgerufenen Programm völlig freigestellt, in welcher Form sie ihre Parameter über den Aufruf von *exec* austauschen wollen. Es bestehen aber eine Reihe von Vereinbarungen, die man günstigerweise einhält:

1. Der 0. Parameter sollte stets der Name des aufgerufenen Programms sein, und zwar bei mehreren Namen derjenige, mit dem das Programm aufgerufen wird.

(Enthält dieser Name Schrägstriche, so ist nicht festgelegt, ob der ganze Name oder nur der Teil nach dem letzten Schrägstrich angegeben ist.) Die *Shell* hält sich an diese Konvention. Es ist dringend zu empfehlen, sie nicht zu verletzen, da viele Programme mehrere Funktionen erfüllen, die nur daran unterschieden werden, mit welchem seiner Namen das Programm aufgerufen wird. So sind in manchen Versionen von UNIX die Kommandos *cp*, *mv* und *ln* drei Namen ein und desselben Programms, das je nach Aufruf eine Datei kopiert, umbenennt (verschiebt) oder für sie einen zusätzlichen Dateinamen einträgt.

2. Sind Namensparameter Namen von Eingabedateien, so werden sie üblicherweise in der Reihenfolge angegeben, in der das Programm sie bearbeiten soll. Wenn auch die Standardeingabe bearbeitet werden soll, wird sie durch ein Minuszeichen (–) angegeben. Werden keine Namen angegeben, so wird nur die Standardeingabe bearbeitet.

3. Es kann vorkommen, daß ein Namensparameter mit einem Minuszeichen beginnt; das Programm müßte ihn somit für eine Option halten. (Aus diesem Grund sollten Dateinamen nie mit Minuszeichen beginnen.) Günstigerweise sollte man man eine Möglichkeit vorsehen, um auch solche Namen anzugeben. Im wesentlichen bestehen dazu vier Wege:

   a) Eine Option darf nur einmal auftreten; ein zweites Auftreten wird als Namensparameter betrachtet. Beispiel:

   ```
   mv -f -f minusf   # benennt die Datei „-f" in „minusf" um
   ```

   Ungünstig, da ein Aufruf ohne die Option nicht möglich ist.

   b) Das Minuszeichen wird durch Voranstellen eines nicht berücksichtigten Zeichens (etwa „\") abgeschirmt. In UNIX nicht oder kaum verwendet.

   c) Vor dem Parameter steht eine Option, die ihn als Parameter kennzeichnet. Beispiel:

   ```
   fgrep -e -n       # sucht nach „-n"
   ```

   d) *Zuerst* müssen alle Optionen, *dann* alle Namensparameter aufgeführt werden. Für den Fall, daß gerade der erste Namensparameter mit einem Minuszeichen beginnt, gibt es eine ansonsten wirkungslose Option „--", die den Optionsteil abschließt. Beispiel:

   ```
   ls -l -- -l       # gibt Information über die Datei -l
   cat -- -f         # gibt die Datei -f aus
   rm -- -f          # löscht die Datei -f
   ```

Die letzte Möglichkeit ist universell anwendbar und leicht zu merken; sie ist daher für eigene Programme zu empfehlen. Das Kommando *getopts* und das C-Bibliotheksunterprogramm *getopt* unterstützen diese Art (siehe auch Abschnitt 3.1.3 und 4.1.). Foxley (1988) gibt im Anhang 5 einen Vorschlag für eine einheitliche Syntax für UNIX-Kommandos wieder, der im wesentlichen den aufgeführten Gesichtspunkten entspricht.

Im Referenz-Handbuch zu *System V* (1988) sind die obigen Regeln und einige weitere zu einem Standard für die Kommando-Syntax zusammengefaßt. Ich führe hier die 13 Regeln stichwortartig auf:

Tabelle 1. Häufige Optionen, die bei mehreren Kommandos unter verschiedenen Namen vorkommen.

Programm:	awk	cut	grep	join	look	sort
Trenner	-F	-d		-t		-t
Sonderzeichen ignorieren					-1	-d
Groß/Kleinschreibung ign.			-i		-f	-f

1. Kommandonamen bestehen aus 2 bis 9 Zeichen.
2. Kommandonamen bestehen aus Kleinbuchstaben und Ziffern.
3. Optionsnamen bestehen aus 1 Zeichen.
4. Optionen werden durch Minuszeichen eingeleitet.
5. Mehrere Schaltoptionen lassen sich hinter einem einzigen Minuszeichen zusammenfassen.
6. Zwischen Wertoption und Wert steht ein Leerzeichen, d. h. der Wert steht nicht im selben Parameter wie die Option, sondern im nächsten.
7. Optionswerte dürfen nicht fehlen.
8. Mehrere Werte zu einer Wertoption sind durch Komma getrennt, oder durch Leerzeichen (dann durch Anführungszeichen klammern).
9. Zuerst stehen alle Optionen, dann weitere Parameter.
10. Zwei Striche (−−) trennen bei Bedarf Optionen von anderen Parametern.
11. Die Reihenfolge bei Optionen ist beliebig.
12. Die Reihenfolge anderer Parameter kann bedeutsam sein.
13. Der Parameter "−" steht immer für die Standardeingabe.

Shell-Prozeduren sollten zur Analyse ihrer Parameter das Kommando *getopts* verwenden, das die Einhaltung der Regeln 3–10 sicherstellt.

Da sich diese Regeln erst im Lauf der Zeit herausgebildet haben. verwundert es nicht, daß viele etablierte Kommandos gegen sie verstoßen. Es bleibt zu hoffen, daß sich neue Kommandos an die Regeln halten und für bestehende Kommandos kompatible Erweiterungen gefunden werden.

Ein anderes Problem betrifft die Namen von Optionen. Obwohl viele Kommandos Optionen mit ähnlicher Funktion besitzen, verwenden sie nicht immer denselben Buchstaben als Namen. Es gibt daher kaum Normen, an die man sich beim Entwurf neuer Kommandos halten könnte. Einige Beispiele für häufige Optionen und dafür verwendete Kennbuchstaben führt Tabelle 1 auf.

2.2 Die U-Schnittstelle

Programme erhalten neben ihren Parametern (K-Schnittstelle) beim Aufruf noch weitere Werte in der *Aufrufumgebung* mitgeteilt. Diese Werte können vom aufgerufenen Programm nicht über eine Position, sondern durch einen Namen angesprochen werden. In *Shell*-Programmen erfolgt der Zugriff wie bei lokalen

Variablen durch den Namen mit vorangestelltem *$*-Zeichen. Der Zugriff durch C-Programme ist im Abschnitt 4.1 beschrieben.

Die *Shell* kann einem aufgerufenen Programm auf zwei Arten einen Umgebungswert übermitteln:

a) Variablen der *Shell*, die durch die Anweisung *export* (*C-Shell*: *setenv*) gekennzeichnet sind, werden an alle aufgerufenen Programme weitergegeben.

b) Variablen, die am Anfang der Aufrufzeile in der Form *name=wert* angegeben werden, haben im aufgerufenen Programm den zugewiesenen Wert. Ein nach Variante a) zugewiesener Wert ist dabei ohne Bedeutung.

Beispiel: In dem folgenden Programmstück hat die Variable *TERM* für das Programm *prog1* den Wert *vt100*, für das Programm *prog2* den Wert *vt220-72*:

```
TERM=vt100
export TERM
prog1
TERM=vt220-72 prog2
```

Der Unterschied zwischen Aufrufparametern und Umgebungsvariablen ist vergleichbar mit dem zwischen Prozedurparametern und globalen Variablen in höheren Programmiersprachen. Ähnlich bestimmt sich auch ihre Verwendung: Werte, die von Aufruf zu Aufruf stets gleich bleiben, eignen sich für die Umgebung, andere sollten als Parameter übergeben werden.

Tabelle 2. Wichtige Umgebungsvariablen

Name	Bedeutung	Programm(e)
HOME	Heimat-Dateiverzeichnis	sh
PATH	Liste von Verzeichnissen, in denen aufgerufene Kommandos gesucht werden	sh
CDPATH	Liste von Verzeichnissen, in denen *cd* sucht	sh
SHELL	verwendete *Shell*	sh, ed, ...
TERM	Typ der verwendeten Sichtgerätes	ksh,more,vi(curses),...
MAIL	eigener Briefkasten	sh, mail
DISPLAY	Standardgerät für X-Ausgabe	X (s. Abschnitt 7.3)

Einige *Shell*-Variablen haben in UNIX eine Standardbedeutung, die für die *Shell* oder andere Programme wichtig ist, zum Beispiel die in Tabelle 2 aufgeführten.

Ebenso wie Aufrufparameter dienen Umgebungswerte immer nur zur Kommunikation vom aufrufenden an das aufgerufene Programm, nie umgekehrt. Das aufgerufene Programm kann seine Umgebungswerte zwar für sich ändern, diese Änderung hat aber für den Aufrufer keine Wirkung.

2.3 Die R-Schnittstelle

Wenn ein Prozeß endet, liefert er einen ganzzahligen Wert ab (Ende-Status, Rückgabe- oder Antwort-Kode), den sein Elter-Prozeß abfragen kann. Außerdem kann der Elter auch den Zeitpunkt feststellen, zu dem der Kind-Prozeß endet. Diese beiden Informationen bilden die R-Schnittstelle.

Der bei Programmende zurückgelieferte Wert wird z. B. von der *Shell* und von dem Verwaltungsprogramm *make* ausgewertet. Die *Shell* kann diesen Wert in der Anweisung *if* abfragen und verzweigt dann abhängig von ihm in einen *then*-Zweig (Wert 0) oder einen *else*-Zweig (Wert $\neq$ 0). Wenn die Option *−e* der *Shell* gesetzt ist, terminiert sie, sobald ein Kommando mit einem Status $\neq$ 0 endet; ebenso verhält sich das Kommando *make*. Daher sollten Programme bei ordnungsgemäßem Ende den Wert 0, im Fehlerfall einen von 0 verschiedenen Wert abliefern.

Weitere Möglichkeiten für die *Shell*, den Antwortwert abzufragen, bieten die Anweisungen *while* und *until* und die Operatoren `&&` und `||`; sie entsprechen in ihrer Wirkung den folgenden *if*-Konstruktionen:

```
kom1 && kom2     ⇔     if kom1; then kom2
kom1 || kom2     ⇔     if kom1; then : ; else kom2
```

Außerdem steht der Ende-Status des jeweils letzten Prozesses dezimal als Text in der *Shell*-Variable *$?* zur Verfügung.

C-Programme haben Zugang zur R-Schnittstelle über die Funktion *wait*, das auf das Ende eines Kindprozesses wartet und in einem Ausgabeparameter den Ende-Status und Information über die Ursache des Programmendes (normal oder Unterbrechung) liefert.

Das Unterprogramm *system*, das ein Kommando über eine *Shell* startet, wartet ebenfalls auf dessen Beendigung und liefert den Status der gestarteten *Shell* zurück.

Bestimmt wird der Rückkehrwert bei C-Programmen durch die Anweisung *exit(n)*. *Shell*-Programme benützen ebenfalls eine Anweisung *exit*, der ein Antwortwert *n* folgen kann; fehlt er, so wird der Wert des zuletzt ausgeführten Kommandos übernommen. Durch Strichpunkte oder *Pipes* verbundene Kommandoketten liefern den Antwortwert des letzten Programms. Die Werte der anderen Programme gehen verloren.

Wird eine *Shell* mit der Option *−e* aufgerufen, so bricht sie die Ausführung ab, sobald ein Kommando ihr einen anderen Ende-Status als 0 liefert. Ebenso verhält sich das Kommando *make*. Um bei *make* die Ausführung dennoch fortzusetzen, muß das betreffende Kommando in der Datei *makefile* durch ein vorangestelltes Minuszeichen gekennzeichnet werden.

2.4 Die S-Schnittstelle

Unter dem Begriff *S-Schnittstelle* fassen wir alle Schnittstellen zusammen, die aus einem Strom von Zeichen bestehen. Mit einem solchen Datenstrom können andere Strukturen eng verbunden sein, etwa eine T-Schnittstelle (bei Ein/Ausgabe an einem Dialoggerät) oder eine N-Schnittstelle (bei Dateien).

2.4.1 Grundeigenschaften

Eine S-Schnittstelle kann einen unbegrenzten Strom von Daten übertragen, die nur durch die Aufeinanderfolge verbunden sind. Ein solcher Strom ist z. B. in einer *Pipe* gegeben. Ein freies Positionieren ist in der S-Schnittstelle nur möglich, wenn sie mit einer N-Schnittstelle verbunden ist, etwa wenn es sich um eine Datei auf einem Hintergrundspeichermedium handelt.

Die S-Schnittstelle überträgt außer dem Datenstrom noch ein Protokoll, das anzeigt, ob der sendende und der empfangende Partner bereit sind oder ob gewartet werden muß. Ist einer der Partner nicht bereit, so ist das normale Verhalten für den anderen zu warten; ist es ein Prozeß, so blockiert ihn das System, indem es ihn „nicht rechenwillig" setzt. Ein solcher Prozeß kann durch einen Aufruf der Prozedur *fcntl* anzeigen, daß er bei blockierter Ein/Ausgabe mit anderen Tätigkeiten weitermachen will. Generell steuert jedoch die blockierende Ein/Ausgabe das Zusammenwirken von Prozessen, z. B. in durch *Pipes* verbundenen Kommandoketten (Fließbändern, *Pipelines*).

Zur S-Schnittstelle gehört außerdem das *Dateiende (EOF)*: Jede S-Schnittstelle kann außer dem Datenstrom die Information übermitteln, daß keine weiteren Daten mehr folgen.

Das Erzeugen und Senden dieser Information geschieht bei Prozessen, die auf Dateien oder *Pipes* schreiben, durch *Abschließen* des Ausgabestroms, was in C durch die Routine *close* erreicht wird, entweder explizit oder implizit durch Beendigung des Programms. Bei Beendigung eines Prozesses werden alle noch offenen Ströme abgeschlossen. Gelangt man beim Lesen einer Datei an deren Ende, so wird ebenfalls die Dateiendeinformation erzeugt. An einem Dialogsichtgerät kann man ein Dateiende dadurch hervorrufen, daß man den leeren Eingabepuffer nochmals zwangsweise leert (ausstülpt); das geschieht durch ein besonderes, *EOF* genanntes Zeichen, gewöhnlich ^D. Ein ^D am Zeilenanfang oder zwei ^D hintereinander bewirken also ein Dateiende. Dieses Ausstülpen des Puffers ist eine Funktion der T-Schnittstelle; man vergleiche Abschnitt 2.6, wo auch das Setzen des *EOF*-Zeichens beschrieben ist.

Beim Lesen kann ein Dateiende dadurch festgestellt werden, daß die C-Funktion *read* nichts mehr lesen kann und daher den Wert 0 abliefert. Bei der gepufferten Eingabe liefert die Funktion *getc* den Wert *EOF*, der anzeigt, daß das Informationsende erreicht ist.

Die meisten UNIX-Programme überwachen das Auftreten von *EOF* und brechen ihre Ausführung bei *EOF* ab, unter Umständen nach gewissen Abschlußarbeiten. Da der Abbruch alle eigenen Ströme schließt, pflanzt sich ein *EOF* am Anfang einer durch *Pipes* verbundenen Kommandokette (Fließband) auf diese Weise durch die ganze Kette fort. Dadurch verhalten sich solche Fließbänder wie einzelne Programme.

Wenn das erste Kommando eines Fließbandes aus irgendeinem Grund abgebrochen wird, werden auf diese Weise auch alle anderen Kommandos im Fließband beendet. Was geschieht aber, wenn ein Programm aus der Mitte oder am Ende eine Fließbandes vorzeitig abbricht? In diesem Fall erhält das davorstehende Programm, das die *Pipe* versorgt, das Unterbrechungssignal *SIGPIPE*, das im Normalfall zum Abbruch auch dieses Programms führt. Dieser Abbruch pflanzt sich rückwärts durch das Fließband fort.

2.4.2 Aufbau von S-Schnittstellen

Allen S-Schnittstellen gemeinsam ist der flache Datenstrom, bestehend aus Zeichen, die normalerweise in je einem Byte aus acht Bit abgespeichert sind. Im Prinzip lassen sich in diesen Bytes beliebige Informationen kodieren. In der Praxis haben jedoch Texte, also Ströme, die nur aus abdruckbaren Zeichen bestehen, eine große Bedeutung erlangt, da sie nicht nur für den menschlichen Leser gut interpretierbar sind, sondern auch eine De-facto-Norm für die Kommunikation von Programmen untereinander darstellen. Texte enthalten außer abdruckbaren Zeichen einige wenige drucktechnisch interpretierbare Steuerzeichen, wie den Zeilenwechsel.

Die meisten UNIX-Systeme verwenden zur Kodierung von Texten den Code *ASCII*, der nach DIN unter der Nummer 66003 genormt ist. Sein Vorrat an druckbaren Zeichen ist im Anhang A.1 aufgeführt. Mit Erweiterungen dieses Vorrats befassen sich die Abschnitte 5 und 6. Das Lesen und Schreiben von Datenströmen geschieht grundsätzlich zeichenweise. In UNIX wird jedes Zeichen gewöhnlich durch ein *Byte* aus acht Bit dargestellt. Viele UNIX-Werkzeuge verarbeiten auch die Code-Werte von 128 bis 255, die im 7-Bit-Code nicht belegt sind. Eine textliche oder grafische Interpretation haben solche Zeichen z. B. im Zusammenhang mit NLS (s. Abschnitt 6). Wir befassen uns zunächst nur mit dem 7-Bit-Code.

DIN 66303 gibt für alle ASCII-Zeichen brauchbare Namen an, mit Ausnahme des „umgekehrten (inversen) Schrägstrichs" (\), dessen sechssilbige Bezeichnung für den allgemeinen Sprachgebrauch zu lang ist und der deshalb oft mit dem englischen Wort *backslash* bezeichnet wird. Das Handbuch zu System V (1988) nennt das Zeichen „Gegenschrägstrich", ein sicherlich geeigneterer Name. Da der Strich in Schreibrichtung abwärts verläuft, verwende ich hier meist die kurze Bezeichnung *Abstrich*; eine Verwechslung mit anderen Bedeutungen dieses Wortes ist im Zusammenhang mit UNIX wohl unwahrscheinlich.

Lokalität von S-Schnittstellen: In UNIX werden Daten vielfach durch sog. *Filter* verarbeitet, das sind Programme, die einen Eingabestrom linear, also der Reihe nach, lesen und parallel dazu einen Strom von Daten ausgeben, der sich oft zeilenweise auf den Eingabestrom bezieht. Beispiele sind das Herausgreifen von Feldern aus einem zeilenorientierten Eingabestrom oder das zeichenweise Umkodieren der Eingabe. Gemeinsam ist diesen Operationen, daß sie in einem einzigen Lauf durch die Eingabe, ohne mehrfaches Lesen und ohne Gedächtnis, durchgeführt werden können.

Damit ein Datenstrom für diese lineare Art der Bearbeitung geeignet ist, dürfen die in ihm enthaltenen Informationen nur *lokale* Wechselbeziehungen haben, die dadurch ausgedrückt sind, daß die Daten in derselben Zeile, in aufeinanderfolgenden Zeilen oder ähnlich nahe beieinander stehen. Solche Strukturen sind sehr übersichtlich; sie lassen sich leicht modifizieren, ohne daß Inkonsistenzen zu befürchten sind. Das ermöglicht nicht nur die Bearbeitung durch Filter, sondern erleichtert auch die interaktive Bearbeitung durch menschliche Benutzer.

Lokale S-Schnittstellen: Strukturinformation besteht bei lokal (linear) organisierten Datenströmen in Trennern zwischen Strukturen. Die S-Schnittstellen von UNIX-Programmen strukturieren sich meist durch Trennzeichen verschiedener Prioritäten. Die hauptsächlich verwendete Einteilung unterscheidet *Zeichen*, *Felder* von Zeichen und *Zeilen*.

Zeichen: Ein Zeichen umfaßt ein Byte, die kleinste getrennt les- und schreibbare Einheit. Bei strukturierten S-Schnittstellen ist zwischen Zeichen ohne Strukturbedeutung und Zeichen als Strukturtrenner zu unterscheiden; nötigenfalls kann man ein Mittel zur Aufhebung der Strukturierbedeutung vorsehen (s. oben, „Abstrich"). Die Kommandos *cut* und *awk* erlauben den Zugriff auf einzelne Zeichen unter Angabe von Spaltennummern, bei *cut* durch die Option *–c*, bei *awk* durch die Funktion *substr*.

Zeilen: Die wichtigste Unterteilung eines Datenstroms ist normalerweise die in *Zeilen* (Datensätze), die durch das ASCII-Zeichen Nr. 10 (LF = Zeilenvorschub) voneinander getrennt sind. In UNIX wird LF in der Bedeutung „neue Zeile" (NL, engl. *new line*) verwendet; UNIX-Gerätetreiber fügen bei der Ausgabe von Text das Zeichen CR (Wagenrücklauf) ein. Dateien, die von UNIX-Werkzeugen erzeugt wurden, enthalten im allgemeinen vor dem Dateiende ein NL. Die leere Zeile nach diesem NL zählt dann nicht mehr als eigene Zeile.

Felder von Zeichen: Innerhalb von Zeilen wird häufig eine weitere Unterteilung in Felder vorgenommen, zwischen denen ein besonderes Zeichen (*Delimiter*, *Separator*, Trenner) steht, das innerhalb der Felder natürlich nicht vorkommen darf. Beliebte Trenner sind das *Leerzeichen*, der Tabulator und der Doppelpunkt. Manche Programme unterteilen Felder nochmals durch einen weiteren Trenner. Wie man Feldtrenner oder -längen angibt, wird bei den Kommandos *sort*, *cut*, *join* und *awk* besprochen.

Das Leerzeichen als Trenner erfährt bei vielen Programmen eine Sonderbehandlung: Meist zählen dann auch Tabulatoren als Trenner, und Folgen von mehreren Trennzeichen werden nur als ein Trenner gerechnet. Man spricht hier von Leerraum *(white space)*, zu dem in manchen Zusammenhängen auch Zeilenwechsel gerechnet werden. Mit Leerraum lassen sich übersichtlichere Tabellen aufbauen. Leere Felder sind dabei allerdings nicht möglich, während bei anderen Trennzeichen zwei aufeinanderfolgende Trenner ein leeres Feld einschließen. Abgesehen davon sind die beiden Formen äquivalent und lassen sich mit dem Kommando *awk*, das für Ein- und Ausgabe unterschiedliche Trenner erlaubt, leicht ineinander überführen.

Man könnte die Trenner sparen, wenn man für jedes Feld eine feste Länge angibt. Trenner haben demgegenüber den Vorteil, daß die Längen nicht beschränkt sind und daß bei kurzen Feldeinträgen kein Speicherplatz verschwendet wird.

Bei Bedarf lassen sich auch mehrere Zeilen noch zu einer Einheit zusammenfassen. Das Programm *awk* verwendet hierzu nicht ein einzelnes Trennzeichen, sondern eine Leerzeile, also zwei NL hintereinander.

Datenbank-Relationen: Die Einteilung in Zeilen und Felder macht es möglich, Tabellen zu erstellen, wie sie für relationale Datenbank-Systeme verwendet werden. UNIX stellt auch für die wichtigsten Datenbankfunktionen Standardprogramme zur Verfügung. Sie sind in Tabelle 3 aufgeführt.

Tabelle 3. UNIX-Programme zur Bearbeitung von Datenbank-Relationen

Programm	Funktion
grep	Selektieren von Zeilen
cut	Selektieren von Spalten
cat	spaltenweises Vereinigen von Tabellen
paste	zeilenweises Vereinigen von Tabellen
join	Kombinieren von Tabellen
awk	Funktionen von Einträgen bilden
sort	ordnen, gruppieren
uniq	Mehrfach vorkommende Elemente finden

Ein bekanntes Beispiel für eine solche Relation ist die Liste der Systembenutzer in der Datei */etc/passwd* (vgl. Abschnitt 2.4.3). Ein anderes Beispiel, das uns in diesem Buch öfter begegnen wird (vgl. Anhang B.1): Eine Liste von Vornamen soll die Information enthalten, ob der betreffende Name männlich, weiblich oder für beide Geschlechter verwendbar ist. Das könnte durch Anhängen eines zusätz-

```
Albertm      Albert:m
Roswithaw    Roswitha:w
Uli?         Uli:?
```

    a)   b)

Abb. 3. Vornamensliste mit Geschlechtsangabe, auf zwei Arten aufgebaut

lichen Buchstabens an den Namen geschehen, wobei jeder Name auf einer eigenen
Zeile steht (Abbildung 3a). Wie wir sehen werden, ist die Anwendung vieler
UNIX-Programme jedoch einfacher, wenn der Kennbuchstabe durch einen
Trenner abgeteilt wird (Abbildung 3b).

Diese Struktur ist auch für menschliche Leser der Datei deutlicher, und sie
sichert Flexibilität bei Anwendungen, die zum Zeitpunkt der Festlegung der
Datenstruktur vielleicht noch nicht vorhersehbar sind. Liegt die Liste schon in der
ersten Form vor, so kann sie mit dem UNIX-Werkzeug *sed* in die zweite Form
übergeführt werden:

```
sed 's/\(.\)$/:\1/' <liste.alt >liste.neu
```

Ein wichtiges Merkmal von Datenbank-Relationen ist, daß die Reihenfolge der
Datensätze belanglos ist. Daher können die Dateien nach beliebigen Kriterien
geordnet werden, was die Bearbeitung oft sehr vereinfacht. Vergleiche hierzu die
Kommandos *sort* und *join* (Abschnitt 3.2.3).

Nichtlokale S-Schnittstellen: UNIX-Programme verwenden auch S-Schnittstellen mit nicht-lokaler Struktur, die dann allerdings nicht so leicht und nicht mit
denselben Werkzeugen zu verarbeiten sind wie die lineare S-Schnittstelle. Zur
Verarbeitung müssen entweder größere Datenmengen zwischengespeichert werden, oder die Informationen müssen in einer Datei liegen, die mehrfach und in
beliebiger Reihenfolge gelesen werden kann. Verbreitet sind drei Arten des
Informationsbezugs über weite Abstände in der S-Schnittstelle:

a) *Adressen:* In den Daten sind Nummern enthalten, die sich auf Stellen in der
   Datei beziehen. Ein Beispiel sind indexsequentielle Dateien, bei denen die
   Anfangsadressen aller Zeilen in einer Tabelle gehalten werden; dadurch ist ein
   Positionieren auf eine bestimmte Zeile ohne Lesen aller vorhergehenden
   Zeilen möglich. Den groben Aufbau zeigt Abb. 4.

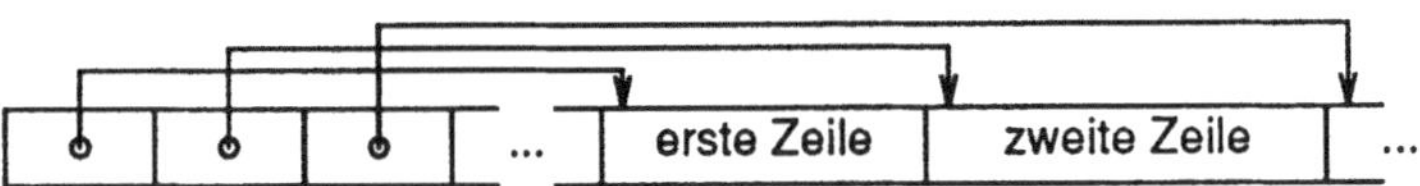

Abb. 4. Aufbau einer indexsequentiellen Datei

Diese Speicherungsform erfordert Sorgfalt bei Änderungen, damit keine Inkonsistenzen zwischen der Adreßtabelle und dem eigentlichen Dateiinhalt entstehen. Außerdem ist die Bearbeitung mit Filtern nicht möglich. Daher ist diese Organisationsform in UNIX nicht sehr verbreitet. Texte werden vielmehr meist fortlaufend gespeichert, Text-Editoren müssen zum Positionieren auf eine bestimmte Zeile die gelesenen Zeilenwechsel mitzählen.

Ein weiteres Problem bei Adressen in Dateien ist, daß die Speicherformate für Binärzahlen maschinenabhängig sind; die Bytes innerhalb einer Zahl werden teils in auf-, teils in absteigender Reihenfolge gespeichert. Das erschwert den Austausch solcher Dateien zwischen verschiedenen Maschinentypen.

b) *Marken:* Stellen in der Datei werden assoziativ, durch ihren Inhalt, adressiert. In der Regel handelt es sich um Marken, die an ihrer Syntax zu erkennen sind. Beispiele bieten Programmiersprachen wie Fortran oder C, aber auch der Strom-Editor *sed* (vgl. Abschnitt 3.3.1), dessen Programme Marken der Form „*:marke*" enthalten können. Das Programm *awk* eignet sich zur Verarbeitung solcher Strukturen, da es in Form seiner beliebig indizierbaren Felder leicht Tabellen von Marken anlegen kann.

Marken bieten den Vorteil, daß sie nur eine Zusatzinformation enthalten und den lokalen Aufbau eines Datenstroms nicht stören. Daher lassen sich Ströme mit Marken auf niedrigerer Ebene auch mit Filtern bearbeiten, etwa wenn in einem C-Programm mit *grep* eine Marke gesucht wird.

Einen Sonderfall stellen Makro-Prozessoren wie *cpp* oder *m4* dar: Das Auftreten des Makros wirkt als Anweisung zum Ersetzen durch einen vorher festgelegten, aber jederzeit dynamisch änderbaren Text. Das Makro verweist so-

```
#define fuss(cm)    (zoll(cm)/12.0)
#define yard(cm)    (fuss(cm)/3.0)
#define meile(cm)   (yard(cm)/1760.0)
#define zoll(cm)    (meile(cm)*63360)
zoll(2.54)
```

(für den C-Präprozessor *cpp*)

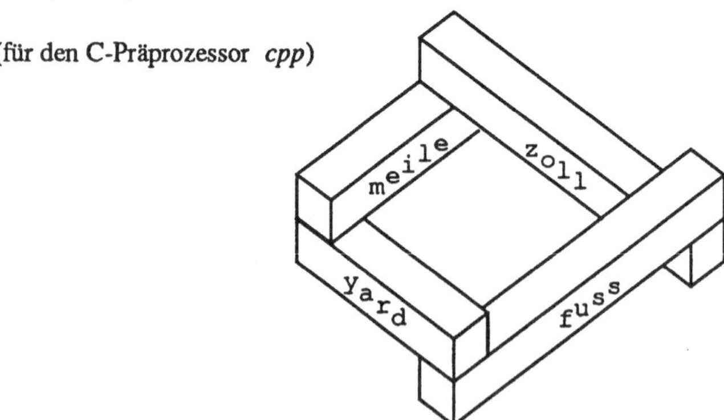

Abb. 5. Unmögliche Figur und unmögliche Rekursion

zusagen auf die Stelle im Datenstrom, wo es zuletzt in definierendem Kontext aufgetreten ist. Da keine Voraus-Verweise vorkommen, können die Makro-Prozessoren als Filter (mit Gedächtnis) arbeiten.

Auch bei Makros besteht, im Gegensatz zu völlig lokalen Datenströmen, die Gefahr von Inkonsistenzen, die lokal nicht erkannbar sind, etwa bei fehlenden oder zyklischen Definitionen. Diese Art von Fehlern hat gewisse Ähnlichkeiten mit Zeichnungen von „unmöglichen" geometrischen Figuren, bei denen jede Einzelheit absolut korrekt ist, aber der Zusammenbau doch zu einem Widerspruch führt, dessen Ursache nicht lokalisierbar ist. So sind die vier „Abstützungen" in Abbildung 5 einzeln tadellos, bilden jedoch insgesamt einen Widerspruch, ebenso wie die vier Makrodefinitionen für den C-Präprozessor *cpp*. Dieser Widerspruch entsteht bei der Figur erst durch den Versuch einer perspektivischen Interpretation: Als zweidimensionales Liniengewirr ist die Figur natürlich in Ordnung, ebenso wie die vier Makrodefinitionen als Zeichenreihen untadelig sind.

c) *Blockstrukturen:* Informationsabschnitte werden durch öffnende und schließende Klammern oder durch Präfix- oder Postfix-Operatoren als zusammengehörig gekennzeichnet. Beispiele bieten Programmiersprachen wie Algol, C, Pascal oder Modula, und die UNIX-Programme *eqn*, *ideal*, *m4* und *awk*. Zur Analyse solcher Strukturen ist der Übersetzer-Generator *yacc* geeignet.

Auch in Blockstrukturen können leicht globale Inkonsistenzen entstehen, die nicht eindeutig einem lokalen Fehler zuzuordnen sind. So läßt sich in einem „Klammergebirge" mit einer fehlenden schließenden Klammer nur durch genaue Analyse des Inhalts feststellen, *wo* die Klammer vergessen wurde. Wenn es verschiedene Klammerarten gibt, läßt sich formal oft nicht einmal feststellen, bei welcher ein Fehler gemacht wurde. Auch hier gibt es eine Analogie mit einer „unmöglichen" Figur: Die beiden Enden des „Balkens" in Abbil-

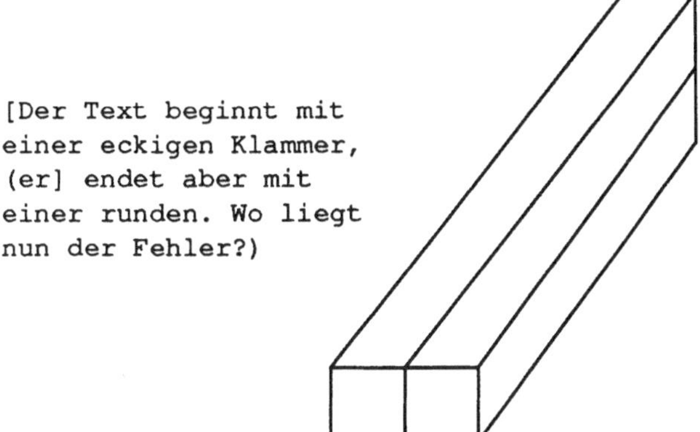

Abb. 6. Unmögliche Figur und unmögliche Klammerstruktur

dung 6 sind für sich korrekt wie die Klammern um den nebenstehenden Text;
sie passen jedoch nicht zusammen.
Alle diese Strukturen haben gegenüber der linearen S-Schnittstelle den Nachteil,
daß ihre Verarbeitung aufwendiger und die Integrität der Daten nicht lokal über-
prüfbar ist: Die Korrektheit einer Adresse, die Ausgewogenheit einer Klammerstruktur oder die Existenz einer Marke zu prüfen, kann ein Lesen der gesamten
Datei erfordern. Für bestimmte Anwendungen, wo lineare Ströme unhandlich
oder nicht ausreichend wären, haben sie jedoch sehr wohl ihre Berechtigung.

Sonderzeichen: Wenn eine S-Schnittstelle durch Trenn- oder andere Zeichen
strukturiert wird, erhalten diese Zeichen eine Sonderbedeutung; sie lassen sich
dann nicht mehr ohne weiteres in ihrer ursprünglichen Bedeutung, als einfache
Textbestandteile, verwenden. Zum Beispiel können Feldtrenner nicht innerhalb
von Feldern, Zeilentrenner nicht innerhalb von Zeilen und Klammern nicht innerhalb von Klammerstrukturen vorkommen. Auch andere Sonderbedeutungen, wie
sie bei regulären Ausdrücken vorkommen, erschweren die Verwendung der betreffenden Zeichen, wo sie für sich selbst stehen sollen. Tabelle A.4 zeigt, daß fast
alle Sonderzeichen irgendeine Spezialfunktion haben.

Um diese Fälle dennoch zu bearbeiten zu können, muß man eine Möglichkeit
schaffen, die Sonderbedeutung solcher Zeichen aufzuheben. Dieses Vorgehen
bezeichnet man im Englischen mit dem Verb „to quote", das im allgemeinen
Sprachgebrauch das wörtliche Anführen (Zitieren) eines Ausspruchs oder Textes
bedeutet. In der Logik erhielt dieses Wort die Bedeutung „eine logische Formel
als gewöhnlichen Text auffassen"; von daher stammt die analoge Bedeutung in der
Programmierung. Das Handbuch zu System V (1988) verwendet die Neu-
schöpfung „quotieren", die aber falsche Assoziationen zur Festlegung einer Quote
im Sinne eines Kontingents (etwa von Speicherplatz, mit dem Kommando *quota*)
weckt. Ich verwende im Deutschen die wörtliche Übersetzung „zitieren".

UNIX-Programme verwenden hauptsächlich zwei Möglichkeiten des Zitierens:

a) *Abschirmen*, durch Voranstellen eines festgelegten Zeichens. Die *Shell* und
   Programme mit regulären Ausdrücken verwenden dafür den Abstrich \.
b) Zitieren durch Anführungszeichen oder *Zitatklammern (Zitierklammern)*. Ein
   Feld wird durch zwei festgelegte (oft auch gleiche) Zeichen geklammert, die
   die Sonderbedeutung aller eingeschlossenen Zeichen aufheben. Als solche
   Zitierklammern verwendet die *Shell* einfache oder doppelte Apostrophe.

Zitierklammern lösen zwar das Problem der Feldtrenner in Feldern, dafür treten
neue Schwierigkeiten auf, wenn in einem Feld die rechte Zitierklammer stehen
soll. Einige Programme erlauben es, sie abzuschirmen; andere stellen sie durch
Verdopplung dar. An wieder anderen Stellen ist ihr geklammertes Auftreten nicht
erlaubt. Beispiele gibt Tabelle 4.

Der Makro-Expandierer *m4* (vgl. Abschnitt 3.2.4) erlaubt es, Zeichen*reihen* als
Zitierklammern zu verwenden und sie auch noch dynamisch zu ändern, so daß sie
an den bearbeiteten Text angepaßt werden können, wenn etwa Apostrophe oder
m4-Kommandos wie *define* im Text auftreten (s. Abb. 7).

Tabelle 4. Zitieren von Zitierklammern

	Programm	Klammern	Beispiel	Bedeutung
Abschirmen	Shell	""	"a\"b"	a"b
	C	""		
Verdoppeln	*troff*-Makro	""	"a""b"	a"b
	Fortran	' '	'tut''s'	tut's
nicht erlaubt	Shell	' '	–	

Eingabe	Ausgabe
Definiert wird mit `define`. changequote(<<<,>>>) Die normalen Zitierklammern sind ` und '; sie lassen sich ändern durch <<<changequote>>>.	Definiert wird mit define. Die normalen Zitierklammern sind ` und '; sie lassen sich ändern durch changequote.

Abb. 7. Verwendung verschiedener Zitierklammern, wenn *m4*-Schlüsselwörter in einem Text auftreten, der mit *m4* bearbeitet wird.

Der Abstrich dient UNIX-Programmen nicht nur zum Abschirmen, sondern auch dazu, den Zeichenvorrat über den druckbaren Teil des ASCII-Codes oder sogar über den ASCII-Code hinaus zu erweitern (vgl. Abschnitt 2.4.2). Das geschieht so, daß mit „\" beginnende Zeichenfolgen als neue Zeichen interpretiert werden. So ist für das Programm *echo* oder für den C-Kompilierer die Kombination „\n" gleichbedeutend mit einem Zeilenwechsel (NL = neue Zeile), und die Kombination „\ooo" ersetzt das Zeichen mit der ASCII-Nummer *ooo* (im Oktalsystem angegeben). Der Textformatierer *troff* stellt seine Sonderzeichen in der Form \ (*xx* dar, wobei *xx* ein Name aus zwei beliebigen Zeichen ist.

2.4.3 Die Struktur von Standard-Filter-Schnittstellen

Filterprogramme verwenden meist lineare S-Schnittstellen. Das Beispiel der Vornamenliste hat uns schon einen Eindruck von der Bedeutung der richtigen Datenstruktur vermittelt. Welche Gesichtspunkte sind beim Entwurf einer solchen Struktur maßgebend?

Um den Einsatz von UNIX-Werkzeugen zu begünstigen, sollte die Schnittstelle auf jeden Fall in Zeilen unterteilt sein. Diese sollten nach Möglichkeit identischen Aufbau haben, wobei durch Trenner eine Unterstruktur geschaffen werden kann. Haben Zeilen unterschiedlichen Aufbau, so sollte der Typ der Zeile leicht erkennbar sein, z.B. durch ein Zeichen am Zeilenanfang oder durch ein festes Muster in der Aufeinanderfolge der Zeilentypen.

Ein klassisches Beispiel ist die UNIX-Benutzerliste */etc/passwd*, die mit dem Doppelpunkt strukturiert wird. Das Namensfeld kann außerdem noch durch

Kommas unterteilt werden, die in manchen UNIX-Versionen durch das Programm *finger* ausgewertet werden; auch das zweite Feld (verschlüsseltes Paßwort) kann, durch ein Komma abgetrennt, noch Angaben über das Alter des Paßworts enthalten (als Ziffern zur Basis 64, vgl. Abschnitt 2.7.5):

```
root:LIIYEkIkC78sI:0:3:0000-Admin(0000):/:
rf:90y744T/NXwlU,./:201:10:R. Fuchs,2217,8276:/usr/rf:
```

Dieses Beispiel zeigt, wie wichtig die sorgfältige Planung solcher Schnittstellen ist: Es ist entscheidend, daß bei der Verschlüsselung von Paßwörtern mit *crypt* und *makekey* (vgl. hierzu Abschnitt 2.7.5, Zahlen zur Basis 64) weder Doppelpunkte noch Kommas entstehen, was die Struktur der Liste völlig durcheinander bringen würde. Die Liste wird von verschiedenen Programmen wie *login* und *ls* benutzt; sie kann mit *sort* nach verschiedenen Gesichtspunkten geordnet oder mit Editoren geändert werden. Diese Vorteile haben dazu geführt, daß die Liste in Textform verwaltet wird, obwohl das bei Systemen mit vielen Benutzern zu langen Rechenzeiten beim Kommando *ls* führen kann.

Weitere Beispiele solcher Schnittstellen sind die Ausgaben vieler UNIX-Kommandos sowie einige für UNIX wichtige Listen; die Tabellen 5a und 5b geben Beispiele.

Tabelle 5a. Kommandos mit zeilenorientierter Ausgabe

Name	Funktion	Einheit pro Zeile
acctcom	Kommando-Statistik	Kommando
df	Platten-Belegung	Platte(nteil)
file	Dateityp	Datei
ls	Dateiinformation	Datei
mount	Subsystem in Dateisystem einhängen	Subsystem
ps	Prozeß-Zustand	Prozeß
wc	Zeichen / Wörter / Zeilen zählen	Datei
who	angemeldete Benutzer anzeigen	Benutzer

Wenn in den Zeilen einer Schnittstelle sehr viele verschiedene Felder existieren, von denen oft nur ein Teil angegeben ist, ist es günstiger, Felder nicht durch ihre Position, sondern durch ihren Inhalt zu identifizieren. Auf diese Weise funktioniert etwa die Datenbasis *Terminfo* (in anderen Versionen *Termcap*), bei der (im unkomprimierten Zustand) jeder Eintrag durch einen Namen und das Zeichen „=" gekennzeichnet ist. Beispiel:

```
bel=^G,cub1=^H,cr=^M,
# Zeichen für Glocke, Laufzeiger nach links / zum Zeilenanfang
```

Tabelle 5b. Zeilenorientierte Listen in UNIX

Name	Funktion	Einheit pro Zeile
gettydefs	Sichtgerät-Inf. für *getty*	Gerät
inittab	Prozesse für *init*	Prozeß
fstab checklist	Dateisysteme für *mount*	Dateisystem

Ebenso wie *Terminfo* die Fähigkeiten und Befehle von Sichtgeräten beschreibt, organisiert in manchen UNIX-Versionen eine ähnlich aufgebaute Datei *printcap* die Funktion von Druckerwarteschlangen.

Ein Beispiel für unterschiedliche Typen von Datensätzen in einer Datei sind Literaturdatenbanken für das Programm *refer* (vgl. Abschnitt 5.1.2, Tabelle 22). Hier sind die Zeilentypen am Zeilenanfang gekennzeichnet, und zwar durch ein %-Zeichen mit einem Kennbuchstaben. Zeilen ohne % am Anfang gelten als Fortsetzung der vorhergehenden Zeile. Leere Zeilen trennen Gruppen von zusammengehörigen Zeilen.

`sed '/^#/d'` `awk '/^#/ { next } { print }'`	ganze Kommentar-Zeilen
`sed 's/#.*$//'`	Kommentar am Zeilenende

Abb. 8. Entfernen von Kommentaren aus Texten

Kommentare: Viele Schnittstellen lassen das Einfügen von Kommentaren zu, die nicht zum Informationsgehalt beitragen. Häufig werden solche Kommentare durch ein bestimmtes Zeichen eingeleitet und durch NL beendet; gelegentlich muß das Kommentarzeichen auch am Zeilenanfang stehen. Beispiele gibt Tabelle 6.

Auch beim Entwurf eigener Schnittstellen empfiehlt es sich oft, eine Kommentarmöglichkeit vorzusehen; die Dokumentation wird dadurch sehr erleichtert. Wie die Tabelle zeigt, ist das Zeichen # eine gute Wahl als Kommentareinleitung; wenn nur ganze Kommentar*zeilen* (# am Zeilenanfang) zugelassen werden, ist auch die Abfrage auf Kommentar einfach. Zum Entfernen von Kommentaren aus Dateien können die Programme *sed* oder *awk* dienen, wie Abbildung 8 zeigt.

Von C-Programmen können Zeilen mit einem Kommentarzeichen am Anfang bequem übersprungen werden, wenn mit *fgets* jeweils eine ganze Zeile gelesen und sofort ihr erstes Zeichen mit dem Kommentarzeichen verglichen wird; bei Übereinstimmung kann dann einfach eine neue Zeile gelesen werden.

Tabelle 6. Kommentarsymbole in UNIX-Programmen

Programme/Daten	Zeichen
sh *(Shell)*, awk, make pic, m4, terminfo	#
troff	\"
fstab, checklist	# *am Zeilenanfang*

2.4.4 Empfehlungen für eigene Schnittstellen

Wer selbst Schnittstellen entwirft, die Textform haben (also nur aus druckbaren Zeichen bestehen) und viele gleichartigen Datensätze umfassen, ist gut beraten, wenn er sich an die geschilderten Grundsätze hält, die sich in UNIX herauskristallisiert haben:
- Programmende bei Ende der Eingabedaten;
- Orientierung nach Zeilen und Feldern;
- Wenn Zeilen unterschiedlich aufgebaut sind: Kennzeichnung des Zeilentyps;
- Ersatzdarstellung nicht-abdruckbarer Zeichen (falls sinnvoll) durch druckbare Zeichen, vgl. Abschnitte 2.4.2, 2.7.1;
- Bei Bedarf Verwendung von Sonderzeichen in den in Tabelle 7 angegebenen Funktionen. Wenn für eine Sonderfunktion ein geeignetes Zeichen gesucht wird, kann ein Blick auf Tabelle A.4 im Anhang nützlich sein, die viele bereits verwendete Sonderfunktionen aufführt.

Tabelle 7. Zeichen mit Sonderfunktion in Textdateien

Zeichen	Funktion	Kommandos, Listen
: TAB	Feldtrenner	`passwd, Terminfo` `sh, cut`
,	Trenner innerhalb von Feldern	`passwd`
#	Einleitung eines Kommentars bis zum Zeilenende	`sh,awk,pic,make`
$ %	Ersetzung von Variablen oder Platzhaltern durch ihren Wert	`sh, make, m4, troff, pic` `printf, date, NLSPATH`
[-]^$. () { | } *	reguläre Ausdrücke	viele; s. Abschnitt 2.7.2
\	hebt Spezialbedeutung des folgenden Zeichens auf; stellt Zeichen durch ihren Oktalcode dar	reguläre Ausdrücke `sh, echo, cc, tr`

2.4.5 Datenfluß, *Pipes*

Bei Rechenanlagen, die nach dem Prinzip des Datenflusses arbeiten, wird eine Operation immer dann ausgeführt, wenn Operanden für sie zur Verfügung stehen. Dieses Prinzip wird zur Steuerung von Parallelverarbeitung verwendet.

In UNIX existiert ein Kommunikationsmittel, das sich ebenso verhält: Die *Pipe* dient dazu, eine ausgabeseitige S-Schnittstelle mit der eingabeseitigen eines anderen Programms zu verbinden. Dabei wird die Ausführung der beiden Programme durch das Blockieren der *Pipe* gesteuert: wenn keine Daten vorhanden sind, wird das lesende Programm blockiert, wenn mehr als eine bestimmte Menge Daten vorhanden sind (Puffer voll), das schreibende. Die Größe des Puffers, gewöhnlich einige K Byte, ist in der Datei *limits.h* als *PIPE_BUF* definiert.

Die *Shell* unterstützt nur die Anlage von linearen Kommandoketten (Fließbänder, *Pipelines*), die als ein einziges Kommando mit einer Ein- und einer Ausgabe betrachtet werden können. Sind mehrere Eingabedateien zu verarbeiten, so können ihre Namen dem ersten oder auch einem anderen Kommando in der Kette angegeben werden. Das kann z. B. sinnvoll sein, wenn bei Dokumentformatierung durch *troff* (s. Abschnitt 5) nur eine von mehreren Dateien durch einen Präprozessor wie *eqn* verarbeitet werden soll (s. Abb. 9).

eqn formeln.t | troff -Talw anfang.t - ende.t | ...

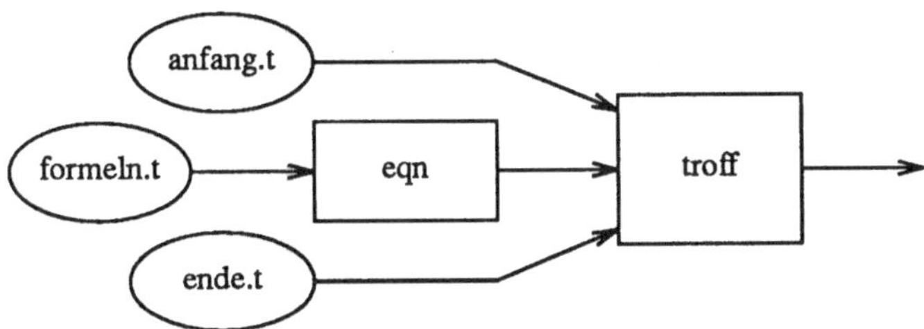

Abb. 9. Sonderbehandlung eines Teils der Eingabe; der durch *eqn* behandelte Teil wird von *troff* als Standardeingabe (–) gelesen.

Auf diese Weise lassen sich mehrere Datenströme (Dateien und die Standardeingabe, die aus einer *Pipe* kommen kann) linear aneinanderhängen (verketten). Die *Shell* erlaubt auch, die Ausgabeströme mehrerer Kommandos zu verketten, so daß das Flußdiagramm baumartig wird. Dazu sind die Kommandos (auch Fließbänder mit |) in geschweifte Klammern einzuschließen (s. Abbildung 10). Die Kommandos werden der Reihe nach abgearbeitet; ihre Ausgabe wird zu einem einzigen Datenstrom verbunden.

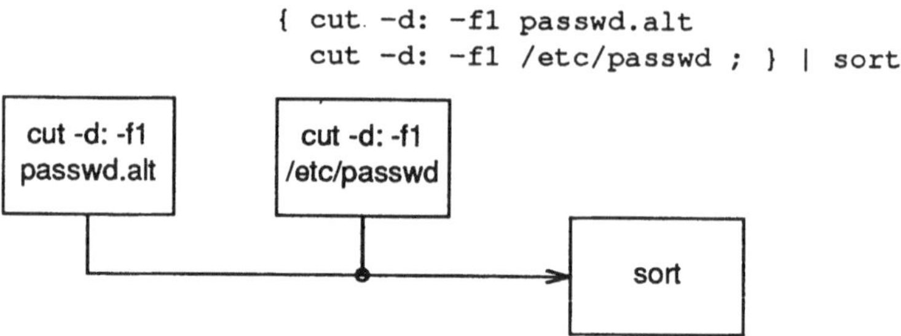

Abb. 10. Verketten von Ausgabeströmen mit *{...}*

Dieses Sprachmittel sollte allerdings nur dort angewandt werden, wo das einfache Verketten der Ausgaben gewünscht oder zumindest nicht schädlich ist. Wären im Beispiel die beiden Listen schon in sich sortiert, so ginge diese Eigenschaft durch das Verketten verloren, und *sort* könnte sie nicht zur Einsparung von Rechenzeit ausnützen.

Um komplexere Strukturen als Ketten und Bäume mit linearer Verkettung aufzubauen, braucht man jedoch ein Hilfsmittel, das erst seit UNIX System V unterstützt wird: die *benannte Pipe*, auch *FIFO (first in, first out)* genannt. Sie ist Bestandteil des Dateisystems, umfaßt also einen Dateiknoten mit einem Namen, unter dem Programme auf sie zugreifen können, verhält sich jedoch wie eine gewöhnliche *Pipe*. Damit lassen sich z. B. Kommandostrukturen aufbauen, in denen mehrere Ströme nicht einfach verkettet, sondern durch ein beliebiges Kommando verbunden werden.

Beispiel: Die Benutzerliste *passwd* soll durch das Kommando *comm* mit einer älteren Version verglichen werden. Da *comm* eine sortierte Eingabe verlangt, müssen beide Dateien zuerst mit *sort* sortiert werden. Die Kommandostruktur sieht also aus wie in Abb. 11 angegeben.

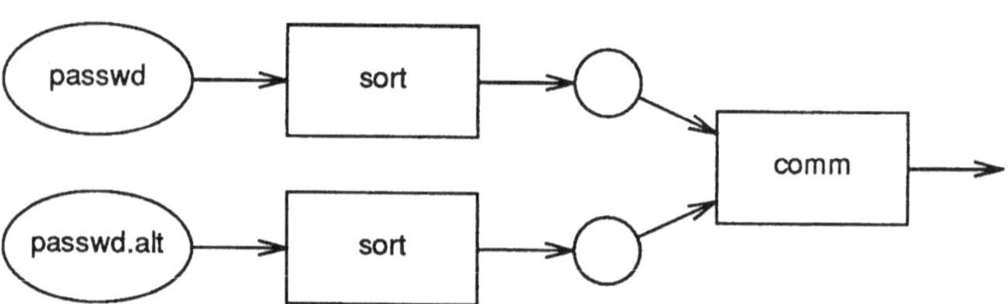

Abb. 11. Vergleichen der Ergebnisse zweier Prozesse

Nur eine der beiden *Pipes* kann von der *Shell* durch den Operator | aufgebaut werden. Die andere wird als FIFO mit dem Namen *rohr2* realisiert. Wird sie später nicht mehr benötigt, so muß sie explizit gelöscht werden; sie verbraucht jedoch im Gegensatz zu einer temporären Datei keinen Speicherplatz und verursacht während des Programmlaufs keine Plattenzugriffe.

Damit die beiden *sort*-Prozesse simultan ablaufen, muß der eine durch & in den Hintergrund geschickt werden. Abbildung 12 zeigt die nötigen Kommandos.

```
mknod rohr2 p                  # FIFO erzeugen
sort passwd.alt >rohr2 &       # Daten hineinschicken
sort passwd | comm rohr2 -     #  und wieder lesen
```

Abb. 12. Vergleichen von Strömen aus zwei *Pipes*

Eine Warnung: Ein Vergleich mit dem Kommando *diff* statt *comm* versagt bei dieser Konstruktion, da *diff* das benannte *FIFO* nicht als solches erkennt und versucht, es mehrmals zu lesen (vgl. Abschnitt 3.2.5 und Beispiel B.6 im Anhang).

Die *Korn-Shell* erlaubt es, solche Prozeß-Strukturen einfacher und übersichtlicher zu formulieren. In Klammern eingeschlossene Kommandos lassen sich hier wie Namen von Dateien verwenden, aus denen gelesen oder auf die geschrieben werden kann. Das Beispiel aus Abbildung 12 könnte so formuliert werden:

```
comm  (sort passwd.alt)  (sort passwd)
```

Die *Shell* unterstützt durch den Operator | nur lineare Kommandoketten, und das hat seine Berechtigung; denn verzweigte Kommandoketten können Zyklen enthalten, die zu Verklemmungen führen. Dabei braucht ein Zyklus nicht immer in Richtung des Datenflusses zu laufen; es führt bereits zu Schwierigkeiten, wenn der *ungerichtete* Kommandograph einen Zyklus enthält.

```
sed -n -e "1,50w x1" -e "51,100w x2" liste
sort -m x1 x2
```

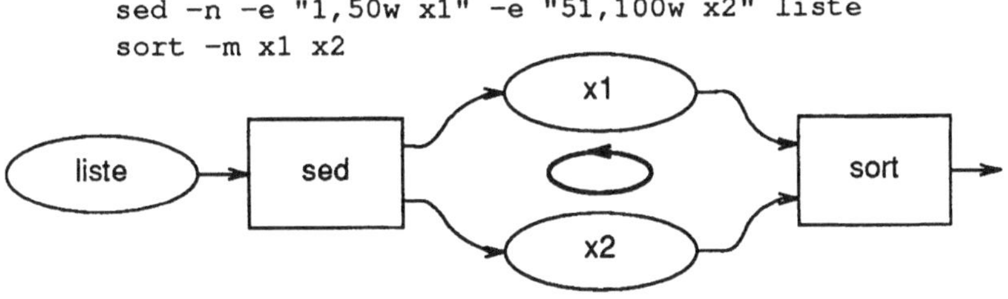

Abb. 13. Prozeßgraph mit Zyklus, aufgebaut mit zwei FIFOs *x1* und x2

Ein Beispiel: Eine Datei *liste* enthalte 100 Zeilen; die ersten 50 und die zweiten 50 Zeilen seien in sich zeilenweise alphabetisch sortiert und sollen unter Erhaltung der Sortiertheit zusammengemischt werden. Damit das Kommando *sort -m* angewandt werden kann, muß die Datei zuerst zerlegt werden. Das kann durch das Kommando *sed* (oder durch *split*) geschehen (vgl. Abbildung 13).

Der gerichtete Kommandograph enthält keinen Zyklus entlang der Pfeile; vernachlässigt man jedoch die Pfeilrichtung, so bildet die doppelte Verbindung zwischen *sed* und *sort* einen Zyklus, der den Keim zu einer Verklemmung in sich birgt. Ersetzt man nämlich die beiden Zwischendateien *x1* und *x2* durch *FIFOs* (*mknod x1 p; mknod x2 p*), so verklemmt sich das Programm: *sed* versucht, in eines der beiden *FIFOs* zu schreiben, während *sort* aus der anderen lesen möchte, so daß keines der beiden Programme weiterarbeiten kann.

Allgemein ist bei Kommandostrukturen, die (als ungerichtete Graphen) Zyklen enthalten, große Vorsicht geboten, um Verklemmmungen auszuschließen. Durch „ | " verbundene Kommandoketten und Kommando-„Bäume", wie sie die *Korn-Shell* erlaubt, sind in dieser Beziehung sicher.

2.5 Die N-Schnittstelle

Die N-Schnittstelle entspricht dem Dateikopf oder Dateiknoten (*inode*), der eine Datei im UNIX-Dateisystem beschreibt. Er enthält Informationen *über* die Datei, also Metainformationen. Dazu gehören der Typ der Datei (Gerät, Verzeichnis, benannte *Pipe* = FIFO), die Größe der Datei (in Bytes), die Zeit der letzten Zugriffe auf die Datei, ihr Eigentümer und die Zugriffsrechte.

Außerdem enthält der Dateikopf zwei S-Schnittstellen, eine lesbare und eine schreibbare; im Normalfall stellen beide dieselbe Datei dar. Bei *Geräten*, etwa bei einem Dialogsichtgerät, sind die S-Schnittstellen aber mit einem Treiberprogramm verbunden, das die Verbindung zum Gerät herstellt; dann entspricht z.B. die lesbare Schnittstelle einer Tastatur und die schreibbare einem Bildschirm. Bei einem FIFO sind die beiden S-Schnittstellen über einen Puffer miteinander verbunden.

Bei Dateien enthält der Dateikopf die Organisation der Datei auf dem Hintergrundspeicher (Platte) und ermöglicht damit wahlfreien Zugriff auf jeden Teil der Datei, also freies Positionieren. Damit lassen sich auf dem linearen (eindimensionalen) Datenstrom der Datei (S-Schnittstelle) stärker strukturierte Dateiformen, wie indexsequentielle Dateien, aufbauen. Solche Strukturen sind dann allerdings auf den Dateikopf angewiesen und können z.B. nicht über FIFOs arbeiten.

Von C-Programmen aus kann man den Dateikopf mit den Funktionen *stat* und *fstat* lesen. Aus der *Shell* kann man die wichtigsten Informationen mit dem Kommando *ls* in textlich lesbarer Form abfragen. Für die wichtigsten Informationen ist in Tabelle 8 angegeben, unter welcher Komponente der C-Struktur *struct stat* bzw. in welcher Ausgabespalte des Kommandos *ls −il* die Angabe zu finden ist.

Tabelle 8. Abfragen des Dateikopfes aus C-Programmen (mit der Funktion *stat*) und aus der *Shell* (mit dem Kommando *ls*)

	`struct stat`	`ls -il`
Dateiname	–	`$8`
Typ	`st_mode & 0170000`	`$1.0`
Dateikopf-Nummer	`st_ino`	`$1`
Rechte	`st_mode & 07777`	`$1.1-9`
Anzahl der Verweise	`st_nlink`	`$3`
Eigentümer	`st_uid`	`$4`
Gruppe	`st_gid`	`$5`
Größe	`st_size`	`$6`
letzter Zugriff	`st_atime`	`$7  (-u)`
letzte Änderung	`st_mtime`	`$7`
letzte Zustandsänderung des Dateikopfes	`st_ctime`	`$7  (-c)`

Dabei entspricht die Angabe $m.n$ der n-ten Spalte des m-ten Ausgabefeldes, und es ist das *ls*-Kommando von UNIX System V vorausgesetzt, das die Eigentümergruppe stets mit ausgibt. Wird die Option *–i*, die nur für die Dateikopf-Nummer erforderlich ist, weggelassen, so vermindern sich alle Positionsnummern um 1. Wenn bei *ls* statt der Zeit der letzten Dateiänderung die des letzten Zugriffs oder die der letzten Knotenzustandsänderung gewünscht wird, muß die Option *–u* bzw. *–c* angegeben werden. Eine Änderung des Knotenzustands erfolgt entweder durch Schreiben der Datei oder durch Ändern des Eigentümers, der Zugriffsrechte, der Zeiten oder der auf den Knoten zeigenden Namensverweise *(link)*.

Das Kommando *test* besitzt einige Operatoren, die Eigenschaften des Dateikopfes in einen Programm-Antwort-Kode (R-Schnittstelle) umwandeln, der als Bedingung für *if* oder *while* verwendbar ist. Zu diesen Eigenschaften gehören der Typ der Datei (gewöhnlich, Verzeichnis), Lese- und Schreibrecht und die Eigenschaft, leer zu sein.

Einige der Informationen im Dateikopf kann der Benutzer ändern; dazu gibt es die C-Unterprogramme *chown, chmod* und *utime* und die Kommandos *chown, chmod, chgrp,* und *touch.* Siehe auch Tabelle A.9 im Anhang.

Dateinamen stehen in enger Verbindung mit der N-Schnittstelle, weil der Zugriff auf letztere meistens über einen Namen erfolgt. Es ist jedoch zu beachten, daß der Dateiname selbst nur im Dateiverzeichnis, nicht im Dateiknoten steht, und daß eine Datei mehrere Namen, sogar in verschiedenen Verzeichnissen, haben kann.

Obwohl Dateinamen weitgehend frei wählbar sind, sind doch einige Gesichtspunkte bei der Festlegung eines Namens zu beachten. Wichtig ist, daß in UNIX ein Dateiname Information trägt, die von Kommandos verarbeitet wird. Diese Information steckt hauptsächlich in der Endung (Suffix) des Namens, die durch einen Punkt vom eigentlichen Namen getrennt ist. Im Gegensatz zu manchen anderen Betriebssystemen ist jedoch der Punkt im Namen ein gewöhnliches

Zeichen; seine Bedeutung als Trenner zwischen Name und Endung kommt erst bei der Interpretation durch Kommandos zustande.

Das Kommando *basename* trennt die Endung ab und extrahiert den Grundnamen. Es ist nützlich, wenn *Shell*-Prozeduren zu einer Datei eine andere mit geändertem Suffix erzeugen sollen.

Das Musterbeispiel für die Bedeutung der Endung liefert der C-Kompilierer *cc*, der Dateien je nach ihrer Endung übersetzt (.c) oder an den Assemblierer (.s) oder den Binder *ld* (.o, .a) weiterleitet. Eine kleine Übersicht häufig verwendeter Endungen gibt Tabelle 9.

Tabelle 9. Endungen von Dateinamen für verschiedene Typen

.c	C-Programm
.h	C-Anweisungen zur Einbindung mit *#include*
.s	Assembler-Programm
.o	übersetztes Objektprogramm
.a	Bibliothek (Archiv, Kommando *ar*)
.f	Fortran-Programm
.p	Pascal-Programm
.y	*yacc*-Programm
.l	*lex*-Programm
.sh	*Shell*-Prozedur
.z	komprimierte Datei *(pack)*
.Z	komprimierte Datei *(compress)*

Es gibt jedoch noch weitere Einschränkungen bei der Wahl eines Dateinamens. Obwohl viele Systeme Namen mit einer sehr großen Länge zulassen, besteht oft die Beschränkung auf 14 Zeichen. Da zum Grundnamen noch eine Endung und möglicherweise eine zweite Endung beim Komprimieren (Abschnitt 2.7.6) hinzukommt und noch ein Zeichen Reserve zur Unterscheidung von Versionen oder zum Anhängen einer Tilde im System SCCS bestehen sollte, bleiben für den Grundnamen neun Zeichen, wie sie auch im Systemhandbuch (1988) für Kommandonamen empfohlen werden. Statt für zwei Endungen ist auch Platz für eine Endung aus drei Zeichen, wie sie bei Programmen üblich ist, die aus anderen Betriebssystemen kommen, etwa beim Textformatierer TeX.

Dateinamen sollten bestimmte Zeichen nicht enthalten; dazu gehören vor allem Zeichen, die für eine *Shell* oder andere wichtige Kommandos eine Spezialbedeutung haben (s. Tabelle A.4 im Anhang), außerdem der Doppelpunkt, der beim Kommando *rcp* (vgl. Abschnitt 7.1.2) Rechnernamen abschließt. Da der Schrägstrich, der im vollständigen Dateipfadnamen die Verzeichnisse trennt, innerhalb eines Namens ohnehin nicht vorkommen kann, bleiben für Dateinamen hauptsächlich Buchstaben, Ziffern und die Zeichen Punkt, Unterstrich sowie die

Rechensymbole +−=. Das Minuszeichen sollte nicht das erste Zeichen eines Dateinamens sein, da es gewöhnlich eine Option einleitet (vgl. Abschnitt 2.1).

Der Punkt, der gewöhnlich Endungen von Grundnamen trennt, ist für das Dateisystem ein gewöhnliches Zeichen und kann auch mehrfach in einem Dateinamen auftreten. Als erstes Zeichen eines Namens hat er allerdings eine besondere Funktion: Solche Namen werden vom Kommando *ls* (außer bei Angabe der Option *–a*) ignoriert und können in der *Shell* nicht durch Angabe von Fragezeichen (?) oder Stern (*) ersetzt werden. Die betreffenden Dateien erscheinen deshalb verborgen; der Mechanismus wird für Dateien verwendet, die nur von Programmen, nicht aber vom Benutzer gelesen werden, wie etwa die Datei *.profile*.

Sperrmechanismus. Ab der Version System V.4 umfaßt die Dateischnittstelle auch die Möglichkeit, einzelne Dateibereiche oder auch ganze Dateien von Prozessen gegen Zugriff durch andere Prozesse sperren zu lassen. Dazu dienen Aufrufe von *fcntl* und *flock*.

In älteren Versionen mußten solche Sperrungen durch Semaphore oder Sperr-Dateien erfolgen. Der neue Mechanismus ist nicht nur einfacher zu programmieren, sondern bietet auch Schutz gegen Zugriffe nicht-kooperierender Programme.

2.6 Die T-Schnittstelle

Zu jedem Sichtgerät, das an ein UNIX-System angeschlossen ist, gehört ein Treiberprogramm, das im Kern des Betriebssystems liegt. Dieser Treiber kann mit der Ein- und Ausgabe verschiedene Verarbeitungen durchführen, die dem laufenden Benutzerprogramm verborgen bleiben.

So wird etwa bei der Ausgabe normalerweise jedes Zeilenwechelzeichen (LF) durch ein Wagenrücklaufzeichen ergänzt, damit die Ausgabe der neuen Zeile am linken Rand beginnt. Bei der Eingabe sammelt der Treiber eine ganze Zeile (bis zu einem *RETURN*) auf und erlaubt das Korrigieren falscher Zeichen, bevor er die Zeile weitergibt.

Die T-Schnittstelle stellt die Verbindung zu einem solchen Sichtgerätetreiber her und ermöglicht die Steuerung seiner Funktionen. In der *Shell* steht dazu das Kommando *stty* zur Verfügung, in der Programmiersprache C die Funktion *ioctl*. Damit lassen sich z. B. eine Reihe von Zeichen festlegen, die für den Treiber eine Sonderfunktion haben (s. Tabelle 10).

Für *erase* und *kill* waren auf Fernschreibern die Zeichen # bzw. @ gebräuchlich. Auf Bildschirmsichtgeräten werden sie kaum mehr verwendet, sind aber häufig noch voreingestellt. Auch durch die Option *sane* des Kommandos *stty* wird diese Einstellung getroffen.

Tabelle 10. Sonderfunktionen im Sichtgerätetreiber

Name	Funktion	gebräuchlich	
erase	löscht das letzte Eingabezeichen	# ^H DEL	
kill	löscht die Eingabezeile	@ ^U ^X	
eof	leert Eingabepuffer (ohne RETURN); bei leerem Eingabepuffer: Dateiende	^D	
intr	erzeugt das Signal SIGINT	^C DEL	
quit	erzeugt das Signal SIGQUIT	^\	
xoff	Ausgabe anhalten	^S	nicht ver-
xon	Ausgabe weiterlaufen lassen	^Q	änderbar

Die Pufferung sowie sämtliche Arten der Vor- und Nachverarbeitung durch den Treiber lassen sich auch vollkommen abschalten; Programme haben dann direkten Kontakt mit Tastatur und Bildschirm. Für viele Zwecke ist eine nur teilweise Abschaltung vorzuziehen, die z.B. das Unterbrechungssignal unberührt läßt (*cbreak*-Modus). C-Programme können diesen Modus bequem über das Bildschirmsteuerpaket *curses* ansprechen (vgl. Abschnitt 4.3.2).

Auf neueren Arbeitsplatzrechnern steht häufig nicht nur ein alphanumerisches, sondern ein grafikfähiges Dialoggerät zur Verfügung. Zur Ansteuerung solcher Geräte hat sich das am MIT entwickelte Fenstersystem X als Norm durchgesetzt, so daß man hier von einer *X-Schnittstelle* sprechen könnte. Vgl. hierzu Abschnitt 7.3.

2.7 Besondere Strukturen in Text-Schnittstellen

Viele UNIX-Programme strukturieren ihre Eingabe in besonderer Weise und interpretieren sie abhängig von dieser Struktur. Einige solche Strukturen werden von mehreren Programmen verwendet und sind für das Zusammenwirken der Programme besonders wichtig. Insbesondere kommen Sie in der S- und der K-Schnittstelle vor.

2.7.1 Darstellung nicht-abdruckbarer Zeichen

Von den 128 Zeichen des 7-Bit-ASCII-Codes (vgl. Tabelle A.1) besitzen nur die Nummern 32 bis 126 eine grafische (druckbare) Darstellung (Nummer 32 ist das „unsichtbare" Leerzeichen). Sollen andere Zeichen nicht in ihrer Funktion ausgewertet, sondern grafisch dargestellt werden, so benötigt man eine Ersatzdarstellung.

UNIX-Programme verwenden dazu im wesentlichen zwei Systeme:

a) Kombinationen aus einem Dach (Zirkumflex) und einem druckbaren Zeichen; bei den Steuerzeichen 0–31 ist es das Zeichen mit der um 64 erhöhten Code-Nummer (das bei Benutzung der CTRL-Taste zur Eingabe erforderlich wäre), so daß sich die Darstellungen `^@`, `^A–^Z`, `^[`, `^\`, `^]`, `^^` und `^_` ergeben. `^?` steht für das Zeichen `DEL` (delete) mit der Nummer 127.

b) Wiedergabe durch einen Abstrich (\), gefolgt von der dreistelligen Code-Nummer in oktaler Schreibweise. Auch die druckbaren Zeichen sind so darstellbar, z.B. *A=\101*. Der Abstrich selbst muß verdoppelt werden (\\). Meist wird mit dieser Form eine besondere Darstellung häufiger Steuerzeichen verbunden, z.B. wird der Rückschritt *\010* auch durch *\b* dargestellt. Tabelle A.2 im Anhang gibt einen Überblick.

Darstellung a) ist nicht eindeutig, da ein echter Zirkumflex zu Verwirrung führt. Sie ist deshalb nur für die Ausgabe an den menschlichen Leser gedacht, der anhand von Redundanz die Unterscheidung treffen kann. So wird sie etwa von Text-Editoren und *Shells* verwendet; das Kommando *cat* erzeugt sie bei Angabe der Option *–v*. Als Eingabe kann sie beim Kommando *stty* verwendet werden, wo dieses ein einziges Zeichen erwartet, etwa als Angabe für *erase* oder *eof* (vgl. Abschnitt 2.6, T-Schnittstelle).

Dagegen ist die Darstellung b) eindeutig interpretierbar und wird z.B. für die Eingabe an den C-Kompilierer und die Kommandos *tr* und *echo* und in der Ausgabe von *ls* (Option *–b*) verwendet. Unter NLS (s. Abschnitt 6) können damit auch 8-Bit-Zeichen dargestellt werden.

In älteren Versionen des Kommandos *echo* besaß auch die Darstellung \c eine Spezialbedeutung: Sie stand nicht für ein besonderes Zeichen, sondern sorgte am Schluß des letzten Parameters im Gegenteil dafür, daß *echo* an die ausgegebene Zeile keinen Zeilenwechsel anhängte. In neueren Versionen wird diese Wirkung durch *echo –n* erzielt, eine logischere Form, da sich der Effekt ja auf das ganze Kommando bezieht und nichts mit einem einzelnen Zeichen zu tun hat.

2.7.2 Reguläre Ausdrücke

Reguläre Ausdrücke sind Zeichenreihen, die verschiedene andere Zeichenreihen vertreten können, auf die sie „passen". Sie sind dem häufigen Bedürfnis entsprungen, nicht eine ganz bestimmte Zeichenreihe zu suchen oder zu bearbeiten, sondern eine ganze Klasse ähnlicher Zeichenreihen; sei es, daß tatsächlich viele solcher ähnlichen Zeichenreihen vorliegen, daß der Benutzer die genaue Struktur der Zeichenreihe nicht kennt oder daß er einfach Tipparbeit sparen will. Wir besprechen als Beispiel *Suchmuster*, wie sie z.B. die Programme *grep*, *awk* und *sed* in ihrer K-Schnittstelle verwenden.

Reguläre Ausdrücke verwenden Steuerzeichen, die Metazeichen genannt werden. Die einfachste Funktion erfüllt der Punkt (.), der jedes beliebige Zeichen vertreten kann. Das Suchmuster „*Ha.s*" findet also nicht nur die Zeichenreihe *Ha.s*, sondern auch *Hals*, *Hans*, *Haus* usw.

Eine Zeichenreihe in eckigen Klammern vertritt genau ein Zeichen, das in der Zeichenreihe enthalten sein muß. Dabei können geschlossene Bereiche in der Form *Anfang–Ende* angegeben werden. *[A–Z]* vertritt also einen Großbuchstaben, *[a–z0–9]* einen Kleinbuchstaben oder eine Ziffer. Ist das erste Zeichen nach *[* ein Dach (^), so kann der Klammerausdruck genau die Zeichen vertreten, die *nicht* aufgeführt sind.

Das Dach hat diese Spezialbedeutung nur als erstes Zeichen nach der Klammer, der Strich nicht nach der öffnenden oder vor der schließenden Klammer. Der Ausdruck *[–^]* steht also einfach für „Strich oder Dach".

Ein Stern (*) nach einem Zeichen erlaubt beliebig viele (auch null) Wiederholungen dieses Zeichens. Ein Dach als erstes Zeichen im regulären Ausdruck steht für Zeilenanfang, ein Währungszeichen (*$*) als letztes Zeichen steht für Zeilenende. *^x*$* steht also für eine Zeile, die nur aus *x* besteht und auch leer sein kann.

Reguläre Ausdrücke verwenden noch weitere Sonderzeichen, insgesamt die Zeichen `$()*+-.?[]^{}`. Ihre Bedeutung ist in Tabelle A.8 im Anhang angegeben. Der Buchstabe ε entspricht dabei der *leeren Zeichenreihe*, die überhaupt kein Zeichen enthält (und im Druck sehr schwierig darzustellen ist). Wenn ein Ausdruck zur leeren Zeichenreihe ε paßt, bedeutet das, daß an seiner Stelle kein Zeichen zu stehen braucht.

Der Texteditor *ex (=vi)* kann außerdem durch \< und \> nach Wortanfang bzw. Wortende suchen; der Ausdruck \<*den*\> findet das Wort „*den*", aber nicht „*finden*" oder „*denken*".

Gulbins (1984) gibt im Abschnitt 4.2.2 eine gute vergleichende Übersicht, welche regulären Ausdrücke verschiedene UNIX-Programme verwenden; zu ergänzen wäre die Angabe, daß *egrep* ebenso wie *ex/vi* nach Wortgrenzen suchen kann (wenn auch so umständlich, daß es nur für feste Kommandoprozeduren interessant ist). Das Kriterium, daß vor bzw. nach einem „Wort" weder Ziffer noch Buchstabe stehen darf, läßt sich folgendermaßen als regulärer Ausdruck formulieren:

```
egrep -e '(^|[^0-9A-Za-z])wortanfang'
egrep -e 'wortende($|[^0-9A-Za-z])'
```

Die Programme aus Tabelle 11 verwenden reguläre Ausdrücke (nicht immer mit der vollen Syntax) in Suchmustern. Außerdem gibt es die C-Unterprogramme *regcmp* und *regex*, die die Verwendung regulärer Ausdrücke in Benutzerprogrammen unterstützen (s. Abschnitt 4). Leider gibt es einige kleine Unterschiede in der Art, wie die Programme reguläre Ausdrücke interpretieren. Darauf wird bei der Besprechung der einzelnen Programme hingewiesen.

2.7.3 Zeitangaben

Angaben zu Datum und Uhrzeit stehen in UNIX oft in Form von acht- oder zehnstelligen Ziffernfolgen. Die achtstellige Form enthält Monat, Tag, Stunde und

Tabelle 11. Reguläre Ausdrücke in UNIX-Programmen

`sh,find`	für Dateinamen (abweichende Syntax)
`grep,egrep,` `  sed,awk`	zum Suchen/Auswählen von Zeilen
`ed,ex,vi`	zum interaktiven Suchen
`expr`	zum Vergleich und zur Auswahl von Teilzeichenreihen
`lex`	zur Spezifikation von Symbol-Klassen
`csplit`	zur Angabe von Unterteilungsstellen
`scanf`	(C-Unterprogramm) zum Einlesen von Zeichenreihen

Minute jeweils zweistellig in absteigender Reihenfolge, so daß eine sinnvolle Sortierung von Zeitangeben mit *sort* möglich ist. Bei der zehnstelligen Form folgt noch eine zweistellige Jahreszahl, so daß die Sortierung komplizierter wird. (Bei Zeitangaben aus dem nächsten Jahrtausend sogar erheblich komplizierter!) Ein Beispiel für den 1. Juni 1987, 13 Uhr 25: `0601132587`. Solche Zeitangaben treten bei den Kommandos *date* und *touch* auf.

UNIX steuert, was Zeitangaben betrifft, auf drei Krisen zu:

1. Am 18. Januar 2038 läuft die UNIX-Zeitrechnung (Sekunden seit Anfang 1970) in einer 32-Bit-Zahl mit Vorzeichen über, im Jahr 2106 sogar bei vorzeichenlosen Zahlen. Manche Kenner sind der Ansicht, daß bis dahin alle Rechner Zahlen mit zumindest 64 Bit haben werden, was die Krise um einiges hinausschiebt.

2. In der Datei */etc/passwd* kann durch Zahlen zur Basis 64 (vgl. Abschnitt 2.7.5) festgehalten sein, in welcher Woche (wieder seit 1970) die Paßwörter zuletzt geändert wurden. Ab dem Jahr 2048 sind zur Darstellung dieser Wochenzahl drei Ziffern zur Basis 64 nötig, während bis dahin zwei ausreichen. Da nur wenige Programme diese Information nutzen, sind die Folgen nicht schwerwiegend.

3. Die Jahrtausendwende wird die Behandlung von Jahreszahlen überall da stark komplizieren, wo sie mit nur zwei Ziffern gespeichert sind. Wie Baber (1986) meint, wird das zum Versagen einer großen Anzahl von Programmen führen. Dieses Problem ist jedoch nicht UNIX-spezifisch.

2.7.4 Oktal- und Hexadezimalzahlen

Da die Zahldarstellungen mit Basis 8 oder 16 in Zusammenhang mit Binärrechnern häufig vorkommen, besitzt die Programmiersprache C dafür eigene Schreibweisen, die auch in andere UNIX-Programme übernommen wurden. Oktalzahlen werden dabei durch eine führende Null `(0)`, Hexadezimalzahlen durch `0x` gekennzeichnet. Bei Hexadezimalzahlen werden als zusätzliche Ziffern die großen oder kleinen Buchstaben von `A` bis `F` verwendet.

Nicht nur der C-Kompilierer, sondern auch die Konvertierfunktionen der *scanf*-Familie sowie die Funktion *strtol* (aufgerufen mit Basis 0) erkennen die Präfixe `0` und `0x`. Das Unterprogramm *printf* erzeugt sie, wenn ein Ausgabeformat das Zeichen `#` enthält. Außer beim C-Kompilierer können diese Darstellungen bei den Programmen *awk* und *m4* (Funktion *eval*) sowie in *Larry Walls* Programm *perl* verwendet werden. Das Fehlersuch-Programm *adb* benutzt das Präfix `0o` für Oktal- und das Präfix `0t` für Dezimalzahlen (ohne Präfix wird eine einstellbare Standardbasis verwendet).

Eine Besonderheit weist das Programm *od (octal dump)* auf: Die Startadresse wird normalerweise als Oktalzahl aufgefaßt; Hexadezimalzahlen müssen durch `0x`, Dezimalzahlen durch nachgestellten Punkt gekennzeichnet werden.

Wegen der häufigen Kennzeichnung von Oktalzahlen durch führende Null sollten führende Nullen bei Dezimalzahlen vermieden werden.

2.7.5 Basis 64

In einem Byte von 8 Bit lassen sich Zahlen zwischen 0 und 255 kodieren. Dabei werden aber alle, auch die nicht druckbaren, Bitkombinationen verwendet, so daß man auf die Bearbeitung und Darstellung mit textorientierten Programmen, wie Editoren, verzichten muß. Durch Kodierung mit Hexadezimalziffern in ASCII-Darstellung wäre dem abzuhelfen, allerdings verschwendet man dabei die Hälfte des Speicherplatzes, da in jedem Byte nur eine Ziffer Platz hat. Ein Kompromiß ist die Darstellung zur Basis 64, bei der sechs der acht Bits genutzt werden.

Tabelle 12. Ziffern zur Basis 64 und ihre dezimalen Werte

.	/	0	1	2	3	4	5	6	7	8	9	A	B	C	D
0	1	2	3	4	5	6	7	8	9	10	11	12	13	14	15
E	F	G	H	I	J	K	L	M	N	O	P	Q	R	S	T
16	17	18	19	20	21	22	23	24	25	26	27	28	29	30	31
U	V	W	X	Y	Z	a	b	c	d	e	f	g	h	i	j
32	33	34	35	36	37	38	39	40	41	42	43	44	45	46	47
k	l	m	n	o	p	q	r	s	t	u	v	w	x	y	z
48	49	50	51	52	53	54	55	56	57	58	59	60	61	62	63

Tabelle 12 zeigt die in UNIX gebräuchliche Darstellung der für die 64 Ziffern verwendeten Zeichen und darunter zweistellig die zugehörigen Dezimalwerte. An dieser Kodierung sind zwei Dinge erwähnenswert:

1. Die Werte der „Ziffern" haben dieselbe Reihenfolge wie ihre ASCII-Codes; dadurch lassen sich 64-er-Zahlen fester Länge mit *sort* sortieren. Allerdings sind die Codes der Ziffern nicht lückenlos, sondern bilden drei Blöcke (von „." bis „9", „A" bis „Z" und „a" bis „z"). Die Ziffern 0-9 haben nicht ihre gewohnte Bedeutung, sondern Werte von 2 bis 11.

2. Von den Sonderzeichen sind nur *Punkt* und *Schrägstrich* 64er-Ziffern. Alle anderen Zeichen, z. B. der Doppelpunkt und das Komma, können in Zusammenhang mit 64er-Zahlen als Trenner verwendet werden.

C-Programme können 64er-Zahlen mit den Standard-Unterprogrammen *a64l* und *l64a* bearbeiten. Sie kommen z. B. vor als verschlüsselte Paßwörter, als Paßwortaltersgrenzen und bei der Verschlüsselung mit *crypt*.

2.7.6 Daten-Kompression

Datenströme enthalten vielfach Redundanz; so ist etwa in Text-Dateien das achte Bit eines Bytes nicht genutzt. Um Speicherplatz zu sparen, gibt es daher Kompressionsprogramme. Bekannt ist das Programmpaar *pack / unpack. pack* komprimiert eine Datei in zwei Durchläufen: im ersten stellt es eine günstige Kodier-Möglichkeit fest, im zweiten wendet es sie an. *pack* löscht die Datei und hinterläßt die komprimierte Fassung mit dem zusätzlichen Namens-Suffix . z. Das Gegenstück *unpack* macht die Kompression wieder rückgängig.

Da *pack* die Datei zweimal lesen muß und anschließend löscht, kann es nicht auf der S-Schnittstelle allein aufsetzen und als Filter arbeiten; es benötigt auch die N-Schnittstelle der Datei(en). Dagegen gibt es von *unpack* eine Filter-Fassung *pcat*, die die komprimierte Datei unverändert läßt und nur dekomprimiert auf die Standardausgabe ausgibt. *pcat* kann in einem Lauf arbeiten; daher können Dateien, die gewöhnlich von vorne gelesen werden, ohne große Zeitverluste in komprimierter Form gespeichert werden. So wird häufig mit Manualen und anderen Dokumenten verfahren.

Ähnlich wie *pack / unpack* arbeitet das Programmpaar *compress / uncompress. compress* hängt an komprimierte Dateien die Endung . Z an.

2.7.7 Binär-Information

Daten in Textform haben zwar den Vorteil, daß sie ohne Umwandlung jederzeit für Menschen lesbar sind; auch stehen alle UNIX-Textwerkzeuge für ihre Bearbeitung zur Verfügung. Andererseits brauchen sie mehr Speicherplatz als eine komprimierte Darstellung, und insbesondere numerische Daten müssen zur arithmetischen Verarbeitung erst in Binärform umgewandelt werden. Das ist ein aufwendiger Prozeß, der leicht mehr Zeit brauchen kann als die Verarbeitung selbst.

Die UNIX-S-Schnittstellen können grundsätzlich ebensogut binäre wie textliche Daten übertragen; das Konzept der kleinen, universellen Werkzeuge, die durch *Pipes* verbunden werden, bietet sich daher auch für numerische Aufgaben an und wird auch dafür eingesetzt (s. Rüde 1986).

Innerhalb eines Rechners gibt es damit kaum Probleme, solange man eine solche Datei nicht versehentlich auf Bildschirm oder Drucker ausgibt. Da Binärinformation keine Redundanz enthält, werden Dateien häufig durch eine „magische" Zahl am Anfang gekennzeichnet; das Kommando *file* stellt anhand dieser magischen

Zahl den Dateityp fest. So haben Programme in Maschinensprache eine vom Anlagentyp abhängige Kennzeichnung. Auch bei anderen binären Daten empfiehlt es sich, den Dateianfang durch ein Schlüsselwort zu kennzeichnen. Dieses Wort kann dann in die Datei */etc/magic* eingetragen werden, so daß das Kommando *file* den Dateityp identifizieren kann. Wenn die Typkennzeichnung ein lesbares Wort ist, bietet sie auch ohne Verwendung von *file* eine Identifizierungsmöglichkeit. Eine solche Kennzeichnung durch eine lesbare Buchstabenkombination verwendet z.B. das Kommando *ar* für seine Archive; sie beginnen mit `!<arch>`.

Obwohl die S-Schnittstellen von UNIX auch nicht-druckbare Bytes übertragen, gibt es Situationen, wo nur Texte übertragen werden können. Das ist vor allem in der elektronischen Post der Fall, wo man nicht damit rechnen kann, daß beliebige Steuerzeichen oder Zeichen aus der oberen Hälfte des 8-Bit-Kodes ordentlich behandelt werden.

Für solche Fälle ist häufig das Programm *btoa (binary to ascii)* verfügbar, das als Ausgabe einen „Text" aus druckbaren Zeichen liefert, der allerdings länger ist als die Ausgangsinformation. Durch das Kommando *atob* kann die Kodierung wieder rückgängig gemacht werden.

Meistens ist der Bedarf an zusätzlichem Speicher durch *btoa* geringer als der, der sich durch Komprimieren (vgl. Abschnitt 2.7.6) einsparen läßt. Beim Versand umfangreicher Daten durch elektronische Post wird daher häufig zuerst komprimiert und dann mit *btoa* wieder eine Textform hergestellt.

Binärzahlen: Nach Übertragung auf andere Rechnermodelle sind Binärdaten oft nicht unmittelbar verwendbar, da verschiedene Hersteller die Binärinformation unterschiedlich im Datenstrom anordnen. So ist die Reihenfolge der Bytes in einem Wort oder Halbwort unterschiedlich. Schnelle Rechnernetze, die Datenübertragung zwischen Rechnern und damit Parallelverarbeitung ermöglichen (siehe Abschnitt 7), machen jedoch den effizienten Austausch solcher Daten wünschenswert. Daher stellt UNIX ein einheitliches Format für Vier-Byte-Worte (*long*) und Routinen zur Umwandlung in dieses und aus diesem Format zur Verfügung; sie heißen *sputl* bzw. *sgetl*. Auf Anlagen, deren Binärformat mit dem Austauschformat übereinstimmt, lassen diese Routinen die Information unverändert. Zur Effizienzsteigerung empfiehlt es sich dann, in C-Programmen gleichnamige Makros zu vereinbaren (natürlich geschützt durch ein *#ifdef*, das den Maschinentyp abfragt), siehe Abbildung 14.

Für Gleitkommazahlen wäre eine solche einheitliche Darstellung noch wichtiger. Die IEEE-Norm P 754, die zuerst im Arithmetik-Prozessor 8087 von INTEL verwirklicht wurde (s. Palmer 1985) und inzwischen von verschiedenen Rechnerherstellern verwendet wird, bietet sich dafür an; leider gibt es in UNIX keine Standardfunktionen für die Umwandlung dieses Formats.

C-Deklaration (`ptbl`: im portablen Format)	
`void sputl(wert,ptbl)`	Der *wert* wird im portablen
`    long wert; char *ptbl;`	Format in *ptbl* gespeichert
`long sgetl(ptbl)`	Der Wert in *ptbl* wird im
`    char *ptbl;`	Maschinenformat abgeliefert
Makro-Version, falls mit Maschinenformat identisch	
`#define sputl(wert,ptbl)`	`(void)(*((long *) ptbl) = wert)`
`#define sgetl(ptbl)`	`*((long *) ptbl)`

Abb. 14. Maschinen-unabhängiges Zahlformat: Umwandlung mit *sputl/sgetl*

2.7.8 Verschlüsselung

crypt: Zur Sicherung von Daten gegen unbefugten Zugriff bietet UNIX eine Implementierung des *Data Encryption Standard (DES)* in Form des Kommandos *crypt*. Dieses Kommando wird seit einigen Jahren in bestimmte Länder, zu denen auch die westeuropäischen gehören, nicht mehr ausgeliefert. Oft ist aber die gleichnamige C-Funktion vorhanden, mit der sich ein Kodierprogramm aufbauen läßt.

makekey: Das Kommando *makekey* (im Verzeichnis */usr/lib*) verschlüsselt Zeichenfolgen der Länge 8 in einer Weise, die nur mit extrem hohem Aufwand umkehrbar ist. In UNIX werden die Paßwörter der Benutzer in dieser Form in der Datei */etc/passwd* gespeichert, so daß zwar jeder die Richtigkeit eines Paßworts prüfen, aber selbst der Systemverwalter ein vergessenes Paßwort nicht herausfinden kann. (In manchen Systemen lassen sich bei erhöhtem Sicherheitsbedarf die Paßwörter in einer lesegeschützten Datei *shadow* speichern.) *makekey* dient außerdem dazu, kompliziertere Schlüsselwörter für das Kommando *crypt* zu erzeugen: da ein Aufruf von *makekey* eine nicht vernachlässigbare Zeit kostet, wird damit das Durchprobieren von Schlüsseln deutlich erschwert.

rot13: An elektronischen Anschlagtafeln, etwa im USENET, ist gelegentlich eine Art der Kodierung erwünscht, die Schutz nicht gegen absichtlichen, sondern nur gegen zufälligen Zugriff bietet, und zwar bei Texten, die ein Teil der Leser als anstößig empfinden könnte. Hier geht man von dem Prinzip aus: „Wer entschlüsselt, ist selbst schuld", und wählt eine einfache Kodierung, die jeden Buchstaben im Alphabet zyklisch um 13 Positionen verschiebt *(rot13)*. (Einen ähnlichen Code verwendete angeblich schon Julius Caesar, vgl. Bauer (1973).) Da das Alphabet 26 Buchstaben hat, ist die Kodierung involutorisch; d. h. Kodierung und Dekodierung sind identisch und können mit demselben Programm erfolgen, z. B. mit dem Kommando *tr* (vgl. Abschnitt 3.2.1). Programme zum Lesen von Nachrichtennetzen haben die Kodiermöglichkeit oft eingebaut.

3 Die Kommando-Ebene

Im Dialog mit einem Kommando-Interpretierer, einer *Shell*, hat der Benutzer den unmittelbarsten Kontakt mit seinem UNIX-System, da er auf jede Eingabe eine Reaktion bekommt, ohne einen Übersetzungsvorgang abwarten zu müssen. Dafür kommt er mit einigen Aspekten, die gewöhnlich nur für den System-Programmierer interessant sind, gar nicht in Berührung; der Kommando-Interpretierer und die Standard-Werkzeuge schirmen ihn von Dingen wie dem direkten Speicherzugriff oder Systemaufrufen ab.

Die gebräuchlichen UNIX-*Shells* eignen sich aber nicht nur zum interaktiven Arbeiten; ihre Eingabesprachen sind echte Programmiersprachen, durch die der Programmierer Standardwerkzeuge zur Erfüllung einer größeren Aufgabe zusammenwirken lassen kann. Einer der Grundsätze der UNIX-Philosophie lautet:

> *Bevor Du ein Programm schreibst, überlege, ob es nicht bereits ein Standardwerkzeug gibt, das die Aufgabe erledigen kann!*

Als *Werkzeuge* bezeichne ich hier Programme, die nicht zu einem besonderen Zweck entwickelt wurden, sondern Hilfe bei der Entwicklung anderer Programme leisten oder als Bausteine für andere Programme dienen. Die Befolgung des obigen Grundsatzes spart nicht nur viel Programmieraufwand, sie erhöht auch die Qualität der Software und ihre Portabilität. Tatsächlich verfügt UNIX über einen Vorrat sehr brauchbarer Standardprogramme, die für eine Vielzahl von Aufgaben geeignet sind. Eine gute Beschreibung gibt Kernighan (1987). Für ihre Verwendung gelten allerdings zwei Einschränkungen:

1. Die Lösung eines Problems durch Standardwerkzeuge ist häufig etwas weniger effizient, insbesondere langsamer, als durch ein speziell auf das Problem zugeschnittenes Programm.
2. Die Lösung eines Problems durch Standardwerkzeuge erfordert manchmal eine leichte Anpassung der Problemstellung, in Gestalt einer Änderung der Schnittstellen.

Der erste Punkt sollte in den meisten Fällen keine Rolle spielen; im allgemeinen ist Programmierzeit so deutlich teurer als Rechenzeit, daß der Vorteil der schnelleren (und zuverlässigeren!) Programmentwicklung den Nachteil der längeren Rechenzeit bei weitem aufwiegt. Außerdem brauchen Standardlösungen nicht immer langsamer zu sein; oft ist in einem Standardwerkzeug eine komplizierte Technik verwirklicht, die auszuprogrammieren man sich nicht die Zeit nehmen würde oder die man selbst gar nicht kennt. Ein Beispiel dafür ist die Verarbeitung der Vornamenliste im Beispiel B.1 im Anhang durch das Kommando *awk* (vgl. Abschnitt 3.2.2).

Erfordert die Anwendung eines Standardwerkzeugs eine Anpassung der Schnittstellen, so mag das zunächst als schwerwiegender Nachteil erscheinen; die Problemstellung und ihre Schnittstellen sind ja oft streng und unabänderlich vorgegeben. Meist ist eine solche Anpassung auch gar nicht zwingend, sondern nur naheliegend, weil sie die Bearbeitung erleichtert. Das sollte man dann als wertvollen Hinweis darauf auffassen, daß das Problem übersichtlicher formuliert werden könnte; denn die Schnittstellen der UNIX-Werkzeuge sind größtenteils gut durchdacht und erprobt und fördern die Klarheit der Programmierung. In anderen Fällen lassen sich mit Standardwerkzeugen unterschiedliche Schnittstellen aneinander anpassen.

3.1 K-, U- und R-Schnittstelle: Die *Shell* und ihre Programmierung

Die UNIX-Kommando-Interpretierer (*Shells*) verfügen über Eingabesprachen, die eine echte Programmierung auf Kommandoebene erlauben und damit die Voraussetzung dafür bieten, durch Kombination von Standardwerkzeugen die Programmierung auf Anweisungsebene zu vermeiden. Da UNIX Werkzeuge wie das Programm *expr* besitzt, die es erlauben, arithmetische und Ersetzungsoperationen auf einzelnen Zahlen oder Zeichenreihen durchzuführen, kann man in der *Shell* im Prinzip ähnlich wie in C programmieren. (Ein etwas extremes Beispiel dazu ist das Programm *calendar* im Anhang B.2.) Sinnvoll ist die *Shell-Programmierung* jedoch vor allem dann, wenn Standard-Werkzeuge große Teile der Arbeit übernehmen können.

Die zwei bekanntesten *Shells* sind die traditionelle *Bourne-Shell (sh)* und die *C-Shell (csh)*. Die Bourne-Shell ist in jedem UNIX-System verfügbar, bietet allerdings nicht allzu viel Bedienungskomfort. Die C-Shell ist komfortabler, aber nicht überall vorhanden und *nicht* aufwärtskompatibel zur Bourne-Shell; ihre Programmiersyntax ist anders und lehnt sich an die Programmiersprache C an, von der sich auch ihr Name ableitet. Zwei aufwärtskompatible Weiterentwicklungen der Bourne-Shell, die *Korn-Shell (ksh)* und die *Bourne-Again-Shell (bash)*, bieten ähnliche oder noch bessere Unterstützung als die C-Shell; z. B. Speichern, Wiederholen und Editieren von Kommandos.

Es kann hier nur auf die Eigenschaften der Shell eingegangen werden, die für ihre Programmierung von elementarer Bedeutung sind und Einfluß auf die Gestaltung von Schnittstellen haben.

3.1.1 Ein/Ausgabe-Kanäle

Ein Programm (Kommando) wird durch seinen Namen aufgerufen. Text, der hinter dem Namen steht, wird dem Programm als Parameter übergeben (K-

Schnittstelle), wobei bestimmte Zeichen (gewöhnlich Leerzeichen und Tabulatoren, also Zwischenraumtrenner) als Trenner zwischen Parametern wirken. Beim Aufruf werden die Standardkanäle eines Programms mit den entsprechenden Kanälen der Shell verbunden, bei einer interaktiven *Shell* mit Tastatur (Eingabe) und Bildschirm (Ausgabe).

Es ist möglich, diese EA-Kanäle umzulenken, nämlich mit Dateien zu verbinden. Dazu dienen die Zeichen < und >, die vom Namen der betreffenden Datei gefolgt werden. Sie können vor oder hinter dem Programmnamen stehen. Die *Bourne-Shell* gestattet auf einfache Weise das unabhängige Umlenken des Diagnosekanals (stderr), die *C-Shell* nur seine Verbindung mit der Standardausgabe (stdout); für das Umlenken ist ein kleiner Trick erforderlich: In einer eigenen *Shell* wird die Standardausgabe umgelenkt, außerhalb dieser *Shell* die (allein verbleibende) Diagnose-Ausgabe:

Beispiel: Oktaldump (*od*) des Inhalts von *xy.d* nach *xy.od*

```
od <xy.d >xy.od 2>meld          # sh: Meldungen nach meld
( od <xy.d >xy.od ) >&meld       # csh

od <xy.d >xy.od 2>&1            # sh: alles nach xy.od
od <xy.d >&xy.od               # csh
```

Hinweis: Ich verwende in diesem Buch bei *Shell*-Kommandoskripten häufig Kommentare in der hier gezeigten Schreibweise (am Zeilenende, durch # eingeleitet).

```
pr -h "Liste der Teilnehmer" -172 tliste
```

| pr | –h | Liste der Teilnehmer | –l72 | tliste | ... |

Abb. 15. Umsetzung der S-Schnittstelle der *Shell* in die K-Schnittstelle des aufgerufenen Kommandos (vgl. Abb. 2)

3.1.2 Die Eingabe an die *Shell*

Struktur: Die *Shell* stellt bezüglich ihrer Schnittstellen eine Besonderheit dar, weil sie die Eingabe ihrer S-Schnittstelle auf die K-Schnittstelle anderer Programme umsetzt, indem sie daraus Kommandoaufrufe erzeugt (vgl. Abbildung m15). Daher ist ihre S-Schnittstelle zwar nach dem Muster der zeilenorientierten Schnittstellen aufgebaut, hat aber drei wichtige Eigenschaften:

a) Die *Shell* erkennt in ihrer Eingabe gleichzeitig *verschiedene* Feldtrenner, die noch dazu dynamisch in der Umgebungsvariable IFS festgelegt werden können;

b) mehrere aufeinanderfolgende Feldtrenner wirken als einer;

c) Die *Shell* führt an ihrer Eingabe Verarbeitungen durch, die nicht durch externe Kommandos, sondern durch Sonderzeichen in der Eingabe selbst gesteuert werden.

Der letzte Punkt, das Mischen von Daten und Steuerinformation unterscheidet die *Shell* von den meisten anderen UNIX-Programmen. Da viele Zeichen in der *Shell*-Eingabe eine Sonderfunktion haben, muß es eine Möglichkeit geben, diese Funktion aufzuheben. Dazu dient der Abstrich (\), der vor das betreffende Sonderzeichen gestellt wird. Auch die Verwendung von einfachen oder doppelten Apostrophen als Zitierklammern (vgl. Abschnitt 2.4.2) ist möglich.

Die *Shell*-Eingabe ist im wesentlichen zeilenorientiert; jede Zeile stellt einen Kommandoaufruf dar. Diese Sonderfunktion des Zeilenendes kann durch einen Abstrich aufgehoben werden; eine Zeile mit „\" am Ende wird also in der nächsten fortgesetzt. Ebenso beendet ein Zeilenende in Zitierklammern das Kommando nicht.

Die *Shell* ist das einzige UNIX-Standardprogramm, das gleichzeitig verschiedene Feldtrenner erkennt. Sie werden durch den Inhalt der *Shell*-Variable `IFS` festgelegt; normalerweise sind es das Leerzeichen, der Tabulator und der Zeilenwechsel, entsprechend `IFS=' \t\n'`. (Diese Zeichen sind auch dann Trenner, wenn sie nicht in `IFS` enthalten sind.) Diese Trennerfunktion kann nicht nur durch einen Abstrich, sondern auch durch Klammerung mit Apostrophen (') oder Anführungszeichen (Doppelapostrophen, ") unterdrückt werden. Die Sonderzeichen *;&()/^<>* können nicht als Trenner verwendet werden.

```
PATH=/bin:/usr/bin::/usr/lok/bin:.:
IFS=":"
for P in $PATH; do          /bin
        echo $P             /usr/bin
            ...             /usr/lok/bin
done                        .
IFS="/:"
echo $PATH                  bin usr bin usr lok bin .
```

Abb. 16. Zerlegung von `PATH` durch ein *Shell*-Skript, mit Ausgabe

Trennzeichen werden nicht nur bei der Eingabe einer Kommandozeile ausgewertet, sondern auch durch das Kommando *set*, mit dem man eine Zeichenreihe zerlegen kann. Die Problemstellung des Beispiels aus Abbildung 16 stammt aus Bourne (1985), Kap. 8.1.7, wo für diese Zerlegung das Kommando *sed* verwendet wird.

Wie das Beispiel zeigt, wirken mehrere Trennzeichen hintereinander (z. B. „: :" oder „: /") als ein einziger Trenner, im Unterschied zu Programmen wie *cut* und *sort*. Daher wird im Beispiel das leere Feld (::) in PATH, das für die Funktion der *Shell* sehr wohl von Bedeutung ist, nicht erkannt.

Die Zerlegung mit *set* kann nützlich sein, wenn man ein einzelnes Feld einer Eingabe durch einen Filter weiterverarbeiten will.

Beispiel: Das *Shell*-Programm in Abbildung 17 ersetzt in der erwähnten Vornamenliste den Kennbuchstaben für die Geschlechtsangabe durch die Anrede.

```
IFS=":"
while read ZEILE; do
        set $ZEILE
        case $2 in
                m)      echo "Herr $1" ;;
                w)      echo "Frau $1" ;;
                "?")    echo "Herr/Frau $1" ;;
        esac
done

    Agathe:w        →       Frau Agathe
    Albert:m        →       Herr Albert
```

Abb. 17. Aus einem Kennbuchstaben für die Geschlechtsangabe wird die korrekte Anrede bestimmt

Einsetzen von Variablenwerten und Dateinamen: Die *Shell* besitzt Variablen, denen mit dem Gleichheitszeichen (Text-) Werte zugewiesen werden können. (Bei der *csh* muß die Zuweisung mit dem Kommando *set* eingeleitet werden.) Wo der Name einer Variablen mit einem davorstehenden Währungszeichen ($) auftritt, wird der entsprechende Wert eingesetzt.

Auch wenn der Wert einer Variablen numerisch ist, wird er als Text, in Ziffernform, gespeichert. Um mit Variablenwerten zu rechnen, muß man in der *Bourne-Shell (sh)* das Kommando *expr* verwenden; die *Korn-Shell* und die *C-Shell* haben dazu die Anweisungen *let* bzw. @. Die Formel $E = mc^2$ läßt sich damit folgendermaßen berechnen:

```
E=`expr $m '*' $c '*' $c`        (sh)
let E='$m*$c*$c'                 (ksh)
@ E= $m * $c * $c                (csh)
```

Die *Shell* hat einen ständigen Überblick über ihr aktuelles Arbeits-Dateiverzeichnis (*current working directory*) und ersetzt in Eingaben bestimmte Zeichenreihen durch alle „passenden" Dateinamen in diesem Verzeichnis. Diese Zeichenreihen sind etwas anders aufgebaut als reguläre Ausdrücke; Tabelle 13 gibt zum Vergleich reguläre Ausdrücke an, die die gleiche Bedeutung haben.

Tabelle 13. Namensexpansion in der *Shell*

Zeichen	steht für:	reg. Ausd.
?	genau ein beliebiges Zeichen	.
*	eine Folge aus null oder mehr beliebigen Zeichen	.*
[...]	genau eines der Zeichen ...; Bereiche der Form 1−5 oder a−k sind zulässig	[...]
[!...]	genau eines der Zeichen, die *nicht* in ... enthalten sind (*nicht in allen Systemen*)	[^...]
Ausnahme: Ein Punkt am Anfang des Dateinamens muß explizit durch einen Punkt dargestellt werden.		

Für Fallunterscheidungen beim *Shell*-Kommando *case* gelten dieselben Regeln. Will man im obigen Beispiel als Geschlechtsangaben auch Großbuchstaben zulassen und eine Fehlerabfrage einbauen, so könnte der entsprechende Programmteil aussehen wie in Abbildung 18.

Die gleiche Namenserweiterung wie in der *Shell* wirkt auch beim Kommando *find*, das nicht nur das Arbeitsverzeichnis, sondern beliebige Unterbäume des UNIX-Dateibaums durchsuchen kann.

```
[Mm])    echo "Herr $1" ;;
[Ww])    echo "Frau $1" ;;
 "?")    echo "Herr/Frau $1" ;;
   *)    echo "$1: falsche Angabe $2" >&2 ;;
```

Abb. 18. Erweiterte Expandierung von Geschlechtsangaben

3.1.3 Erzeugte K-Schnittstelle

Die *Shell* gibt die beim Aufruf eines Kommandos angegebenen Parameter an das Kommando weiter. In C-Programmen stehen diese Werte im zweiten Parameter des Hauptprogramms *main* (vgl. Abschnitt 4.1). Ist das aufgerufene Programm selbst ein *Shell*-Programm, so stehen die Parameterwerte in den Variablen *$1,*

$2,... zur Verfügung. Als Parameter Nr. 0 wird gewöhnlich der Name des Kommandos selbst übergeben.

Shell-Programme können Optionen gut mit Hilfe der Anweisung *case* verarbeiten. Das Beispiel in Abbildung 19 zeigt eine (stark vereinfachte) *Shell*-Version des Kommandos *mv*, die im Gegensatz zum Originalkommando auch Dateien umbenennt, deren Namen mit „–" beginnen; es setzt bei Bedarf vor den Namen ein „./".

Das Kommando **getopt** analysiert gegebene Parameter nach Richtlinien, die viele UNIX-Programme verwenden (vgl. Abschnitt 2.1). Sein erster Parameter enthält die Zeichen, die als Optionen erwartet werden; wenn es sich um Optionen mit folgendem Werteparameter handelt, folgt dem betreffenden Zeichen ein Doppelpunkt. Die weiteren Parameter werden verarbeitet und in standardisierter Form als Ergebnis ausgegeben.

getopt führt dazu folgende Funktionen aus:

a) es liest zuerst Optionen, dann andere Parameter und erkennt „––" als Trennung zwischen Optionen und anderen Parametern; fehlt diese Trennung, so wird sie erzeugt. Der Parameter –– schließt den Optionsteil ab und ermöglicht, daß der erste Namensparameter mit einem Minuszeichen beginnt.

b) Es läßt Optionen sowohl einzeln als auch gehäuft zu, bei Häufung darf die letzte Option sogar eine Wertoption sein:

$$\left. \begin{array}{l} \texttt{getopt fo: -f -oaus} \\ \texttt{getopt fo: -foaus} \end{array} \right\} \; \rightarrow \; \texttt{-f -o aus}$$

c) es kümmert sich darum, daß Zusatzwerte zu Optionen sowohl im selben als auch im nächsten Argument gesucht werden:

```
OPT=
for PAR in $*; do              # Optionen aufsammeln
    case $PAR in
    --) shift; break;;         # bis --
    -*) OPT="$OPT $PAR"
        shift ;;
    *)  break ;;               # oder bis kein - mehr kommt
    esac
done

N=`expr "x$1" : x-.`           # auf „-" prüfen
if [ $N -ge 2 ]
    then mv ${OPT} ./$1 $2      # und umbenennen
    else mv ${OPT} $1 $2
fi
```

Abb. 19. Umbenennen von Dateien, auch wenn ihr Name mit „–" beginnt

```
getopt fo: -oaus
getopt fo: -o aus
```

Da bei *mv* nur die Option *-f* möglich ist, könnte die *for*-Schleife im Programm von Abbildung 19 also bei Verwendung von *getopt* folgendermaßen lauten:

```
for PAR in `getopt f $*`; do  # Optionen aufsammeln
```

Unangenehm bei der Verwendung von *getopt* ist, daß eine Klammerung von Parametern bei der Bearbeitung durch *getopt* verlorengeht:

getopt o: -o "eine datei" → -o eine datei --

Außerdem muß der Programmierer immer noch selbst die Zuordnung zwischen Wertoptionen und zugehörigen Werten vornehmen. In neuen Systemen wird die Verwendung von *getopt* daher nicht mehr empfohlen. Stattdessen gibt es jetzt ein Kommando **getopts**, das Parameter einzeln analysiert; jeder Aufruf von *getopts* liefert einen weiteren Parameter. Der Ende-Status zeigt an, wenn keine Parameter mehr folgen, so daß *getopts* in einer *while*-Anweisung aufgerufen werden kann:

```
while getopts optbuchstaben name ; do ...
```

Ebenso wie bei *getopt* führt der erste Parameter *optbuchstaben* alle möglichen Optionsbuchstaben auf, wobei nach Wertoptionen ein Doppelpunkt steht. *name* ist der Name einer *Shell*-Variable, in der beim Aufruf die nächste Option gespeichert wird. Sie kann anschließend in einer *case*-Anweisung abgefragt werden. Bei Verwendung von *getopts* lautet die Schleife im Programm von Abbildung 19:

```
while getopts "f" PAR ; do    # Optionen aufsammeln
```

getopts belegt automatisch einige weitere Variablen: *OPTARG* enthält bei Wertoptionen den Wert, *OPTIND* enthält die Nummer des nächsten Parameters. Daher können nach Abarbeitung aller Optionen diese mit der Anweisung *shift 'expr $OPTIND – 1'* aus der Parameterliste entfernt werden.

xargs: Das Kommando *xargs* baut aus seiner Eingabe, also aus einer S-Schnittstelle, Parameterlisten für Kommandos auf. Eine Reihe von Optionen regeln dabei, wie viele Wörter aus der Eingabe einen Aufruf ergeben. In der einfachsten Form wird die gesamte Eingabe zu einer Parameterliste zusammengefügt. Dadurch kann man ein Kommando auf eine ganze Liste von Dateien anwenden, wo sonst für jede Datei ein eigener Aufruf erforderlich wäre. Um etwa die Zeilen aller Dateien zu zählen, die älter als eine Woche sind, ist in der zweiten der folgenden Versionen nur ein einziger Aufruf von *wc* nötig:

```
find . -mtime +7 -exec wc {} ";"
find . -mtime +7 -print | xargs wc
wc `find . -mtime +7 -print`
```

Wie die dritte Version zeigt, läßt sich dieser Effekt auch mit den Gegenapostrophen ` ` erzielen. *xargs* kann aber zu lange Parameterlisten auf mehrere

Aufrufe aufteilen; die Maximallänge wird mit der Wertoption *–s* angegeben. Voreinstellung ist eine Länge von 470.

Bei Angabe der Option *–i* wird das Kommando hinter *xargs* für jedes Wort in der Eingabe einzeln ausgeführt, wobei jedes Auftreten von {} durch das betreffende Wort ersetzt wird. So kann man durch *xargs -i mv {} {}+* an jeden Dateinamen ein + anhängen. Das Ersetzungsschema {} wird, im Gegensatz zum Kommando *find*, auch dann erkannt, wenn es wie hier nicht von Leerzeichen umgeben ist; außerdem kann hinter der Option *–i* eine andere Zeichenreihe als Ersetzungsmuster angegeben werden. In manchen Systemen wird ein {} am Anfang eines Parameters nicht erkannt; man muß dann irgendwelche „unschädlichen" Zeichen davorsetzen, etwa / bei absoluten oder ./ bei relativen Dateinamen.

3.1.4 Umgebungsvariablen

Wie bereits im Abschnitt 2.2 erwähnt, besitzt die *Shell* zwei Möglichkeiten, die Umgebungswerte eines aufgerufenen Programms zu bestimmen: Die betreffenden Variablen können mit *export* (bzw. *setenv* bei der *C-Shell*) so markiert werden, daß sie an alle Programme weitergegeben werden, oder sie können in der Aufrufzeile selbst (mit dem Gleichheitszeichen) mit einem Wert versehen werden, der dann nur für das aufgerufene Programm gilt. Tabelle 2 auf Seite 11 zeigt einige wichtige Beispiele.

Eingabe	Ausgabe
```resize```	```COLUMNS=80;```
	```LINES=24;```
	```export COLUMNS LINES;```
```eval `resize` ```	
```echo $LINES $COLUMNS```	```24 80```

Abb. 20. Setzen von U-Variablen durch Ausgabetext: *resize*

Wenn ein Programm den Wert einer Umgebungsvariable ändert, hat das keinen Einfluß auf das aufrufende Programm, also zum Beispiel die *Shell*. Um den Wert einer Umgebungsvariable in der *Shell* zu ändern, müssen Programme den Umweg über die S-Schnittstelle gehen, indem sie entsprechenden Text ausgeben, den die *Shell* dann als Eingabe verarbeitet. Dazu dient das Kommando *eval*; es bewirkt, daß der dahinterstehende Text als *Shell*-Eingabe verarbeitet wird, auch wenn er nicht direkt aus der Eingabe, sondern etwa aus der Ausgabe eines Kommandos stammt, das in umgekehrten Hochkommas aufgerufen wurde. Das Kommando *resize*, das die aktuelle Größe eines X-Fensters ausgibt (vgl. Abschnitt 7.3), wird gewöhnlich so aufgerufen; es setzt dann die Variablen, die das Fenster

beschreiben, auf die richtigen Werte. Abbildung 20 erläutert das näher: Im ersten
Aufruf wird zur Veranschaulichung der Text einfach ausgegeben, der im zweiten
Aufruf die Variablen setzt.

3.1.5 R-Schnittstelle

Die *Shell* registriert den R-Wert (Ende-Status) des zuletzt ausgeführten Kommandos. Er steht in der Variable $? als Dezimalzahl zur Verfügung. Außerdem
kann durch die Anweisung *if* und durch die Operatoren && und || abgefragt
werden, ob das letzte Kommando erfolgreich (Status = 0) oder fehlerhaft ($\neq$ 0)
war. Bei *if* können die beiden Fälle im *then-* und *else*-Zweig behandelt werden;
bei && und || wird das folgende Kommando nur dann bzw. nicht dann ausge-
führt, wenn das vorige erfolgreich war. Man kann die Operatoren lesen als *„und,
wenn erfolgreich, dann...“* bzw. *„oder, wenn nicht erfolgreich, dann...“*.

Sehr nützlich im Zusammenhang mit *if* ist das Kommando *test*, das einige häufig
gebrauchte Bedingungen prüft und einen entsprechenden Ende-Status abliefert. Es
testet etwa mit dem Operator *-r* die Lesbarkeit einer Datei oder mit dem Operator
= die Gleichheit zweier Zeichenreihen. Für Tests mit regulären Ausdrücken
(vgl. Abschnitt 2.7.2) kann es mit dem Kommando *expr* kombiniert werden.

Der Ende-Status der *Shell* selbst ist der des letzten Kommandos, das die *Shell*
ausgeführt hat. Er läßt sich durch die Anweisung *exit* auch explizit festlegen.

3.2 S-Schnittstelle: Wichtige Text-Filter

Wie erwähnt, werden UNIX-Programme, deren Ein- und Ausgabe von ähnlicher
Struktur sind, als *Filter* bezeichnet. UNIX stellt für häufig vorkommende Aufgaben Standardfilter zur Verfügung. Darunter sind (vgl. Abschnitt 2.4.2) auch Programme, die den Aufbau eines relationalen Datenbanksystems gestatten. Die
wichtigsten dieser Filter und die Besonderheiten ihrer Schnittstellen werden hier
vorgestellt.

Ein Filter besitzt ein- und ausgabeseitig je eine S-Schnittstelle, die gewöhnlich
die Kanäle 0 und 1 (Standard-Ein- und -Ausgabe) benutzen. Da die *Shell* diese
Kanäle mit dem Dialogsichtgerät verbindet und auch die Standard-Ausgabe eines
Prozesses mit der Standard-Eingabe eines anderen verbinden kann, erleichtert
diese Konvention die Benutzung und das Zusammenwirken der Programme. Die
S-Schnittstellen sind bei Filtern fast immer nur *lokal* strukturiert (vgl. Abschnitt
2.4.2), enthalten also keine Vor- oder Rückverweise oder lange Klammerstrukturen, da auch die Arbeitsweise eines typischen Filters lokal ist: für jede
eingegebene Dateneinheit wird — abhängig nur von ihr — wieder eine Einheit
ausgegeben. Im Extremfall, der bei dem Filter *tr* gegeben ist, entsprechen sich
Ein- und Ausgabe zeichenweise.

Alle hier vorgestellten Filter erfüllen bestimmte Aufgaben bei der Bearbeitung von datenbank-artigen Relationen, dargestellt durch in Felder unterteilte Textzeilen (vgl. Abschnitt 2.4.2). Aus der Natur dieser Aufgaben ergibt es sich allerdings, daß sie nicht alle lokal arbeiten können; so kann das Sortierprogramm *sort* erst nach dem Lesen der gesamten Eingabe mit der Ausgabe beginnen. Auch das Programm *diff*, das zwei Ströme vergleicht, tut dies als Voreinstellung global; durch die Option *-h* kann man den Vergleich allerdings auf lokale Gemeinsamkeiten beschränken. Die anderen aufgeführten Filter arbeiten strikt lokal oder mit beschränktem Gedächtnis.

Auch die *Shell* selbst kann Zeichenströme bearbeiten, indem sie sie mit dem Kommando *read* liest und mit *echo* ausgibt.

3.2.1 tr

tr hat unter den UNIX-Standardwerkzeugen die einfachste S-Schnittstelle. Er setzt jedes eingegebene Zeichen für die Ausgabe in ein anderes um und beachtet dabei keinerlei Strukturierung der Eingabe. Die umzusetzenden Zeichen sowie ihre Ersetzungen werden als Aufrufparameter angegeben:

$$\texttt{tr [-cds] [} z1 \texttt{ [} z2 \texttt{]]}$$

Dabei enthält die Zeichenreihe $z1$ die zu ersetzenden, $z2$ die Ersatzzeichen, jeweils in derselben Reihenfolge. Geschlossene Bereiche im ASCII-Code (z. B. alle Kleinbuchstaben oder alle Ziffern) können in eckigen Klammern in der Form *[a–z]* bzw. *[0–9]* angegeben werden. In $z2$ kann ein Zeichen durch nachgestellten Stern (∗) mit Zahlangabe mehrfach wiederholt werden. Ein Stern ohne Zahlangabe bedeutet so häufige Wiederholung, daß alle Zeichen aus $z1$ abgedeckt sind. Auch Steuerzeichen, insbesondere NL, können umgesetzt werden; sie müssen als Oktalzahl mit vorgesetztem \ angegeben werden.

tr liest nicht aus Dateien, sondern nur von der Standardeingabe. Die Option *−c* bedeutet, daß nicht die Zeichen aus $z1$, sondern alle anderen (in ASCII-Reihenfolge) ersetzt werden sollen. Bei Angabe von *−d* werden die Zeichen nicht ersetzt, sondern einfach gelöscht; $z2$ ist dann überflüssig. Durch *−s* werden in der Ausgabe Folgen von mehreren gleichen Zeichen aus $z2$ zu einem einzigen solchen Zeichen komprimiert.

Da *tr* keine Struktur seiner Eingabe verlangt, ist es damit inbesondere möglich, eine unstrukturierte Eingabe zur Weiterverarbeitung mit anderen Werkzeugen zu strukturieren, indem man Zeilenwechsel und gegebenenfalls auch Feldtrenner erzeugt. Häufig befinden sich in der Eingabe Zeichen, die als Zeilentrenner geeignet sind, wie etwa das Zeichen ESC (s. unten). In anderen Fällen kann ein beliebiges Zeichen, das oft genug vorkommt, zu NL umkodiert (und später wieder rückkodiert) werden; die entstehende Zeilenstruktur ist dann allerdings ohne Bedeutung. So kann in Folgen von Hexadezimalziffern eine bestimmte Ziffer, etwa die Null, als Trenner dienen.

Beispiele:

a) Das folgende Beispiel aus dem Handbuch erzeugt eine Liste aller Wörter in einem Text, wobei Wörter als ununterbrochene Folgen von Buchstaben definiert sind (man kann natürlich andere Zeichen, wie etwa den Bindestrich, zulassen). Dabei werden durch die Option *–c* alle anderen Zeichen durch NL (\012) ersetzt und anschließend durch *–s* Folgen von mehreren NL komprimiert:

```
tr -cs '[A-Z][a-z]' '[\012*]'
```

(Die Liste kann anschließend mit *sort* geordnet werden, wobei die Option *–u* wiederholte Wörter entfernt.)

b) Alle Großbuchstaben sollen durch die entsprechenden Kleinbuchstaben ersetzt werden:

```
tr '[A-Z]' '[a-z]'
```

c) In elektronischen Post-Netzen ist es üblich, Texte, die als anstößig empfunden werden könnten, etwas zu verschlüsseln, damit sie nicht versehentlich gelesen werden. Dazu werden alle Buchstaben im Alphabet um dreizehn Stellen verschoben („rot13", vgl. Abschnitt 2.7.8), so daß Kodierung und Dekodierung mit demselben Programm erfolgen können. Mit *tr* läßt sich diese Kodierung wie folgt ausführen:

```
tr '[A-Z][a-z]' '[N-Z][A-M][n-z][a-m]'
```

d) Sonderfunktionen von Druckern und Bildschirmsichtgeräten werden häufig über Kommandosequenzen gesteuert, die mit dem ASCII-Zeichen ESC (27) eingeleitet werden. Erfolgt auch die Positionierung durch solche Kommandos, so enthält die Druckerausgabe oft gar keine Zeilenwechsel und kann damit weder editiert noch durch sonstige UNIX-Werkzeuge bearbeitet werden. Das wird jedoch möglich, wenn man mit *tr* alle ESC in Zeilenwechsel (NL) umkodiert, was nach einer Bearbeitung auch wieder rückgängig gemacht werden kann:

```
tr '\033' '\012'    # ESC → NL
tr '\012' '\033'    # NL  → ESC
```

Zu beachten ist bei der Verwendung von *tr*:

- *tr* verarbeitet das Zeichen \0 (^@, ASCII-Code 0) nicht. Befindet es sich in der Eingabe, so wird es entfernt; wird es (als \000) in einem Parameter (Liste *z1* oder *z2*) angegeben, so beendet es die Liste.
- In manchen UNIX-Versionen verarbeitet *tr* die Optionen *–cds* und Ausdrücke mit „*" nicht.

3.2.2 Aneinanderreihende (*cat*-artige) Filter

Viele UNIX-Werkzeuge verarbeiten mehrere Eingabeströme, die in Dateien oder der Standardeingabe bestehen können. Die Standardeingabe wird üblicherweise durch einen Strich (–) angegeben. Sind keine Namensparameter angegeben, so wird bei vielen Programmen die Standardeingabe bearbeitet.

Wir betrachten zunächst Filter, die diese Ströme in der Reihenfolge, wie sie angegeben sind, vertikal aneinanderreihen, d. h. jeden Strom vollständig ausgeben, bevor sie mit dem nächsten beginnen. Bei diesen Filtern wäre es daher nur dann sinnvoll, die Standardeingabe (–) mehrfach anzugeben, wenn sie nach einem Informationsende wieder neu eröffnet würde; die meisten UNIX-Kommandos erlauben dies jedoch nicht. Dagegen kann eine Datei mehrfach angegeben werden und wird dann auch mehrfach (von vorne) gelesen.

cat ist der einfachste aneinanderreihende Filter; es hängt den Inhalt mehrerer Dateien (auch der Standardeingabe, „–") aneinander, ohne die durchlaufende Information zu verändern. Die Funktion des Aneinanderhängens können viele andere Programme nebenbei übernehmen, so daß ein *cat* am Anfang einer Kommandokette oft überflüssig ist.

cat verfügt je nach Systemversion über Optionen zum Ansprechen von Zusatzleistungen (z. B. Numerieren der Zeilen), die jedoch von der Schnittstelle her nicht besonders interessant sind. Wichtig für die Bildschirmausgabe ist die Option –v, die Steuerzeichen (nicht druckbare Zeichen) in der Form ^A, ^B,... darstellt (vgl. Abschnitt 2.7.1).

grep, egrep, fgrep: Das Programm *grep* und seine Verwandten *egrep* und *fgrep* suchen in Dateien nach Mustern, die als Parameter angegeben werden. Je nach Optionen werden die Zeilen mit gefundenen Mustern, alle anderen Zeilen (–v), die Namen der Dateien mit „Treffern" (–l) oder nur die Anzahl der Treffer (–c) ausgegeben. Der R-Wert (Ende-Status) ist *0* bei Treffern, *1* bei vergeblicher Suche und 2, wenn einer der Eingabeströme nicht eröffnet werden konnte oder ein Syntaxfehler im Suchmuster war.

Die drei Programme verarbeiten unterschiedlich komplexe Suchmuster:

grep	verarbeitet als Suchmuster gewöhnliche reguläre Ausdrücke (s. Abschnitt 2.7.2 und Tabelle A.8a) mit den Zeichen ^[–].*$.
fgrep	sucht nur nach festen Zeichenreihen (keine regulären Ausdrücke), jedoch in einem einzigen Lauf auch nach mehreren, durch NL getrennten. Beispiel:

```
fgrep 'C++        sucht nach Auftreten von „C++"
:-)'               oder ":-)"
```

Hinweis: „:-)" ist ein stilisiertes zur Seite gedrehtes lächelndes Gesicht; es wird in der elektronischen Post verwendet, um nicht ganz ernst gemeinte Bemerkungen zu kennzeichnen.

egrep   läßt gegenüber *grep* eine erweiterte Syntax mit noch komplexeren Ausdrücken zu, mit den Zeichen + (mindestens einmalige Wiederholung), ? (Ausdruck vorher kann stehen oder fehlen), | (Alternative) und Klammern zum Gruppieren. Tabelle A.8b im Anhang stellt die Möglichkeiten zusammen. Ein Beispiel: *Fortran(-77|-90)?* steht für entweder *Fortran*, *Fortran-77* oder *Fortran-90*.

Eine bekannte Anwendung von *egrep* ist das Dienstleistungsprogramm *calendar*, das eine Datei nach dem heutigen oder morgigen Datum durchsucht, wobei dieses Datum verschiedene Formen haben kann. Das Suchen geschieht mit einem ziemlich aufwendigen *egrep*-Muster, das Schreibungen mit oder ohne führende Null und Monate mit großen oder kleinen Anfangsbuchstaben zuläßt. Beispiel B.2 im Anhang erläutert dieses Vorgehen.

grep verarbeitet die Standardeingabe nur, wenn keine Dateinamen angegeben sind; der Strich – als Name der Standardeingabe wird nicht erkannt.

Soll ein Suchmuster nur in einem bestimmten Feld erkannt werden, so müssen die Felder davor in das Muster einbezogen werden. Ist der Doppelpunkt Feldtrenner und wird im dritten Feld die Zeichenreihe *ABC* gesucht, so kann das folgendermaßen aussehen:

```
grep '^[^:]*:[^:]*:ABC:'
```

Es werden also, ausgehend vom Zeilenanfang, abwechselnd Folgen aus Nicht-Doppelpunkten und Doppelpunkte gelesen. In solchen Fällen ist aber zu überlegen, ob nicht die entscheidenden Felder mit *cut* ausgeblendet werden und die ganzen Zeien später anhand der Zeilennummer gesucht werden können. Meist sind solche Fälle auch mit *awk* leichter zu bearbeiten.

Häufig wird darauf hingewiesen, daß *fgrep* schneller sei als *grep*. Das gilt aber nur im Fall mehrerer Suchwörter, für den bei *grep mehrere* Aufrufe nötig sind. Zum Suchen eines einzelnen Musters sind *grep* und vor allem *egrep* gewöhnlich schneller, auch wenn das Muster ein festes Wort ist und keine Sonderzeichen enthält. Abbildung 21 zeigt ein Beispiel, bei dem in der Datei */usr/dict/words* gesucht wird. Es sind die *user*-Zeiten in Sekunden angegeben.

Bei drei Suchwörtern sind Einzelaufrufe von *grep* also noch deutlich schneller als *fgrep*, wenn auch umständlicher; *egrep* ist kaum langsamer als bei einem einzelnen Suchwort. Bei 200 Suchwörtern brauchte *fgrep* im Test aber nur gute 80 Sekunden, also lediglich fünfeinhalbmal so viel wie bei einem Wort. *egrep* kann so viele Muster nicht mehr in einem Aufruf verarbeiten.

cut erzeugt Längsschnitte von Datenströmen, indem es aus jeder Zeile bestimmte Bereiche ausblendet. Es arbeitet entweder zeichenorientiert (–*c*) oder feldorientiert (–*f*); im letzteren Fall werden Felder durch Tabulatorzeichen (TAB, ASCII 9) oder durch ein mit –*dx* angegebenes Zeichen *x* getrennt:

```
cut -cliste [dateien]
cut [-dx] -fliste [dateien]
```

Nach –*c* oder –*f* folgt eine durch Kommas gegliederte Liste der Nummern der gewünschten Zeichen bzw. Felder; es können auch Bereiche der Form *3–6*, *–5*

```
time  grep -c 'Wolfgang' /usr/dict/words; \
time fgrep -c 'Wolfgang' /usr/dict/words; \
time egrep -c 'Wolfgang' /usr/dict/words
1
user  5.9
1
user 14.9
1
user  5.6
time fgrep -c 'Wolfgang
Amadeus
Mozart'    /usr/dict/words
3
user 27.5
time egrep -c 'Wolfgang|Amadeus|Mozart' /usr/dict/words
3
user  5.9
```

Abb. 21. Zeitbedarf der *grep*-Familie

(1–5) oder *17–* (bedeutet 17–Ende) angegeben werden.

Bei Angabe von *–f* werden die Felder in der Ausgabe durch denselben Trenner strukturiert wie in der Eingabe. Vor dem ersten und nach dem letzten Feld steht kein Trenner. Das erste (in Spalte 1 beginnende) Feld hat die Nummer 1, nicht wie beim Programm *sort* die Nummer 0.

cut kann Spalten nicht vertauschen; die Reihenfolge der Angaben bei den Optionen *–c* und *–f* ist also belanglos. Zum Vertauschen müssen die Spalten zuerst durch mehrere Aufrufe von *cut* isoliert und dann mit *paste* wieder vereinigt werden. Ein Vertauschen ist auch mit dem Kommando *awk* möglich.

sed ist ein Editor, der sich stark an den klassischen UNIX-Editor *ed* (vgl. Abschnitt 3.3.1) anlehnt, aber nicht an der N–, sondern nur an der S-Schnittstelle aufsetzt; d. h. er setzt nur einen Datenstrom voraus, den er im Durchlaufen verändert. *sed* orientiert sich wie *ed* an den Zeilen der Eingabe und hat auch eine ähnliche Kommandosyntax, kann aber natürlich nicht in der Eingabe zurückgreifen und ist daher in seinen Funktionen eingeschränkt. Er ist aber äußerst nützlich für Umformungen, die über die Zeichenersetzung von *tr* hinausgehen. Eine besondere Struktur der Information innerhalb der Zeile wird nicht vorausgesetzt; Felder innerhalb einer Zeile können aber durch explizites Angeben der Trenner bearbeitet werden.

sed erhält als Argumente die zu bearbeitenden Dateien („–" = Standardeingabe, nichts: nur Standardeingabe) und entweder direkt ein Skript von Steuerkommandos (*–e*) oder die Namen von Dateien, in denen diese stehen (*–f*):

sed [**–n**] [**–e** K-Skript] [**–f** K-Datei] [Dateien]

Normalerweise werden alle eingegebenen Zeilen auch wieder ausgegeben. Die Option *−n* unterdrückt dieses Verhalten; Ausgabe erfolgt nur, wenn ein Kommando dies explizit vorschreibt.

sed wendet alle angegebenen Kommandos auf alle dabei angegebenen Zeilen an. Eine Zeile kann entweder durch ihre Nummer (bei 1 beginnend, über Dateigrenzen hinweg gezählt) oder durch einen regulären Ausdruck (vgl. Tabelle A.8a) adressiert werden, der auf sie paßt. Es können einzelne Adressen oder zusammenhängende Bereiche der Form *a1, a2* angegeben werden. Außerdem besteht die Möglichkeit, ein Kommando nur auf die *nicht* angesprochenen Zeilen anzuwenden (wo sinnvoll), indem man ein Ausrufezeichen vor das Kommando setzt.

Auf diese Weise druckt der Druckbefehl *p (print)* Teilbereiche aus einer Datei aus (Einzeladresse oder Bereich), der Befehl *q* bricht die Bearbeitung bei Erreichen der Zeile ab (nur Einzeladresse). Damit lassen sich z. B. folgende *sed*-Skripten formulieren, die die ersten 10 Zeilen der Datei */usr/dict/words* ausgeben:

```
sed -n 1,10p /usr/dict/words     (7,05 Sek.)
sed 10q /usr/dict/words          (1,05 Sek.)
```

Wie man sieht, ist die zweite Version nicht nur einfacher, sondern auch effizienter als die erste, die nach Erreichen der zehnten Zeile unnötigerweise weiterliest. Die Ausgabe erfolgt bei der zweiten Version ohne eigenen Befehl, da die Option *−n* nicht angegeben ist; ohne diese Option würde die erste Version *alle* Zeilen ausgegeben, die ersten zehn sogar doppelt!

Für das Verständnis von *sed* sind vor allem zwei seiner Hauptbestandteile wichtig:

a) Der *Puffer* enthält jeweils die Zeile, die gerade als „passend" (nach Adresse oder Suchmuster) ausgewählt wurde. Die meisten Befehle von *sed* bearbeiten den Puffer.

b) Im *Hilfspuffer* kann man mit den Befehlen *h* und *H* Text aus dem Puffer zwischenspeichern. Das ist die einzige Art, wie *sed* auf früher gelesene Zeilen noch Bezug nehmen kann.

Der wichtigste Befehl zur Bearbeitung des Puffers ist der Substitutionsbefehl „s/R /E /a". Er sucht nach Text, der zum regulären Ausdruck *R* paßt, und ersetzt ihn durch einen Ersetzungstext *E*. Dabei können noch Zusatzangaben (*a*) darüber folgen, an wie vielen der gefundenen Stellen ersetzt werden soll (Zahl, oder „g" = so oft wie möglich).

Weitere Befehle dienen zum Erzeugen und Löschen von Zeilen, zum Manipulieren des Hilfspuffers und zum Lesen und Schreiben von Dateien.

awk ist der mächtigste der UNIX-Textfilter; er wird nicht durch kompakte Optionen gesteuert, sondern durch echte Programme, die in einer C-ähnlichen Syntax gehalten sind. Wie in Aho et al. demonstriert wird, können kurze *awk*-Programme ohne weiteres die Grundfunktionen der Programme *wc*, *grep* und *sed* übernehmen. (Das Programm *perl* von *Larry Wall* umfaßt zusätzlich zu *awk*-ähnlichen Funktionen auch Fähigkeiten der *Shell*; es ist aber nicht in üblichen UNIX-Auslieferungen enthalten.) Die Hauptanwendung von *awk* besteht darin, zeilen- und feldweise strukturierte Daten aufzubereiten und dabei die Daten in den einzelnen Feldern gegebenenfalls numerisch oder textlich zu verarbeiten.

awk-Programme werden nicht kompiliert, sondern interpretiert und können daher in bezug auf Geschwindigkeit nicht mit C-Programmen konkurrieren; wo es jedoch nicht auf höchste Geschwindigkeit ankommt, bieten sie zwei entscheidende Vorteile:

a) Da *awk*-Programme interpretiert werden, brauchen sie nicht in einer übersetzten Form vorzuliegen. Das erleichtert die Entwicklung, die Wartung und die Portierung von Programmen auf andere Maschinen.

b) *awk* führt eine Reihe von Schritten, die bei der Verarbeitung von Textdaten häufig nötig sind, automatisch durch oder kennt praktische Standardfunktionen dafür. Dazu gehören die Zerteilung der Eingabe in Datensätze und -felder, die Umwandlung von Zahlen in Textform und umgekehrt, das Ausblenden von Teilzeichenreihen und die Mustererkennung durch reguläre Ausdrücke.

awk ist im 5. Kapitel von Bach (1987) gut beschrieben, das die wichtigsten Abschnitte von Aho et al. übersetzt enthält. Im folgenden wird hauptsächlich darauf eingegangen, wie *awk* Standard-Schnittstellen behandelt und mit anderen Programmen zusammenarbeitet. Beispiele zu *awk*-Programmen finden sich außer im Anhang auch in anderen Teilen dieses Buches, da *awk* ein sehr universelles Werkzeug ist.

Die Aufteilung der Eingabe in Datensätze und Datenfelder ist in *awk* durch zwei Textvariablen RS (*record separator*) und FS (*field separator*) geregelt. Voreingestellt sind das Zeilenende (NL) als Satztrenner und das Leerzeichen als Feldtrenner. Durch Zuweisung an diese Variablen kann jedes andere Zeichen verwendet werden; FS kann auch durch die Kommando-Option −F*x* auf ein Zeichen *x* gesetzt werden. Dabei gibt es drei Besonderheiten zu beachten:

FS=" "   Das Leerzeichen als FS bewirkt, daß Ketten von Leerzeichen und Tabulatoren Felder trennen. Felder enthalten dann also keine „weißen" Zeichen, sie können auch nicht leer sein.

−Ft   (Option) setzt nicht den Buchstaben t, sondern den Tabulator als Trenner, entspricht also *FS="\t"*.

RS=""   Ein leerer RS zeigt an, daß Datensätze durch Leer*zeilen*, also durch zwei aufeinanderfolgende NL, getrennt werden. Felder werden durch Ketten aus weißen Zeichen getrennt, wobei hier auch ein NL dabei sein darf. Wird FS auf Zeilenende (\n) gesetzt, so stellt jede Zeile ein Feld dar. (Ein Beispiel hierzu ist die Behandlung von Literaturdaten in Abbildung 45.)

Diese Besonderheiten gelten für die Eingabe von *awk*, also für die gelesenen Zeilen. Für die Ausgabe gibt es analog dazu die Variablen ORS (*output record separator*) und OFS (*output field separator*). Sie können auch mehrere Zeichen enthalten, die bei der Ausgabe mit *print* zwischen die Felder und Sätze eingefügt werden:

```
awk 'BEGIN    { FS=":"; RS="\n"; OFS="||"; ORS="#\n" }
              { print $1,$2 } '
```

| Berlin   :1000 |
| Muenchen:8000 |

→

| Berlin ||1000# |
| Muenchen||8000# |

Wie das Beispiel zeigt, werden Anweisungen hinter BEGIN zu Programmbeginn ausgeführt. Analog können auf END Anweisungen zur Abschlußbehandlung folgen.

BEGIN und END sind Spezialfälle von Auswahlkriterien. Solche Auswahlkriterien bestimmen, wann oder für welche Eingabesätze der dahinterstehende Anweisungsblock ausgeführt wird. Hier können auch reguläre Ausdrücke (in Schrägstrichen, /.../) stehen, die dann auf die Zeile passen müssen, oder Bedingungen an Variablenwerte. Dabei sind vor allem Variablen interessant, deren Werte *awk* automatisch beim Lesen jedes Eingabesatzes neu setzt. Eine Liste dieser Variablen ist in Tabelle 14 aufgeführt.

Tabelle 14. Automatisch gesetzte Variablen in *awk*

Name	Bedeutung
NF	Anzahl der Datenfelder im Satz
$0	Eingabe-Datensatz
$1, $2, ..., $NF	Eingabe-Datenfelder
NR	Nummer des Datensatzes
FILENAME	Name der aktuellen Eingabedatei

Bedingungen können die üblichen booleschen Operatoren (wie in C) verwenden; zusätzlich gibt es die Operatoren ˜ und !˜, die prüfen, ob ihr linker Operand auf den rechts stehenden regulären Ausdruck paßt bzw. nicht paßt. Dabei kann die Bedingung „$0 ˜ /reg. Ausdr./" zu „/reg. Ausdr./" verkürzt werden. Allerdings muß der reguläre Ausdruck fest sein; er kann nicht in einer Zeichenvariable eingelesen oder errechnet werden.

Wie man an $NF sieht, können die Nummern in den Variablennamen $1... auch ihrerseits Variablen sein, so daß eine berechnete Indizierung der Eingabefelder möglich ist. Auch andere Variablen können indiziert und als Felder behandelt werden; als Feldindizes sind beliebige Zeichenreihen zulässig, die, in eckige Klammern eingeschlossen, dem Variablennamen folgen. Da die Menge der Zeichenreihen zwar lexikographisch geordnet ist, sich jedoch zwischen zwei verschiedene Zeichenreihen stets noch beliebig viele weitere einordnen lassen, können die Feldelemente nicht, wie bei Vektoren, fortlaufend nach ihren Indizes angeordnet werden. Sie werden daher nach dem *Streuspeicherverfahren* (*Hash-Kodierung*) abgelegt, das ein sehr schnelles Auffinden der indizierten Elemente erlaubt.

awk-Programme, die sinnvollen Gebrauch von dieser Eigenschaft machen, sind häufig schneller als kompilierte Programme in C oder einer anderen höheren Sprache, die andere Techniken der Suche verwenden. Ein Beispiel bietet die Erweiterung einer Vornamensliste um Geschlechtsbezeichnungen anhand einer Tabelle (s. Anhang B.1), die durch Vornamen indiziert wird. Je nach Länge der Liste ist die Version mit *awk* um ein Mehr- oder Vielfaches schneller als ein C-Programm, das die Namensliste im Speicher jedesmal linear durchsucht. Selbstverständlich läßt sich der Streuspeicher-Mechanismus auch in C programmieren, doch sind die Entwicklungszeiten dann wesentlich höher.

```
/^\.EQ/     { in_eqn = 1 ; next }
/^\.EN/     { in_eqn = 0 ; next }
in_eqn==1   { eqn_zeilen ++ }
END         { print eqn_zeilen, "Zeilen eqn-Text" }
```

Abb. 22. *awk*-Programm zum Zählen von *eqn*-Zeilen

awk eignet sich wegen seiner Zeilen- und Feldorientiertheit zwar hauptsächlich zur Verarbeitung lokaler S-Schnittstellen; da *awk*-Programme jedoch über Variablen verfügen und durch indizierte Felder auch Kellerspeicher aufbauen können, lassen sich auch Klammerstrukturen verarbeiten. Besonders einfach ist das, wenn die Klammersymbole auf eigenen Zeilen stehen, wie das oft bei Eingabetexten für den Formatierer *troff* (vgl. Abschnitt 5) der Fall ist, z.B. `.EQ/.EN`, `.TS/.TE`, usw. Zum Beispiel zählt das *awk*-Programm aus Abbildung 22 die Zeilen in einem Text, die zwischen den *troff*-Makros EQ und EN stehen, die also Kommandos für den Formel-Präprozessor *eqn* enthalten (vgl. Abschnitt 5.1.2).

3.2.3 Mischende Filter

Einige UNIX-Werkzeuge mischen die Information mehrerer Datenströme oder ordnen sie innerhalb eines Datenstroms um. Dazu ist stets eine zeilenähnliche Struktur erforderlich, an der die Eingabe aufgebrochen werden kann. Manche Werkzeuge brechen auch die Struktur innerhalb von Zeilen noch in Felder auf, andere verändern die Zeilen nicht.

paste: Das Kommando *paste* fügt Datenströme nebeneinander zusammen, jeden Strom in eine eigene Spalte (Standardeingabe = „–"). Spalten werden durch Tabulatorzeichen (TAB) oder durch eigens angegebene Zeichen getrennt; es kann auch eine ganze Liste (–*d...*) von Trennern angegeben werden, die zyklisch der Reihe nach verwendet werden. Hinter der letzten Spalte steht ein Zeilenwechsel (NL). Beispiel:

```
paste "-d:|" d1 d2 d3
```
erzeugt eine Ausgabe der Form

1. Zeile von d1 : 1. Zeile von d2 | 1. Zeile von d3
2. Zeile von d1 : 2. Zeile von d2 | 2. Zeile von d3

. . .

Mit der Option *–s* wirkt *paste* wie ein älteres Kommando gleichen Namens und setzt aufeinanderfolgende Zeilen *derselben* Eingabedatei in Spalten nebeneinander. Eine neue Zeile beginnt nur dann, wenn einer der angegebenen Trenner ein NL (geschrieben als \n) ist. Beispiel:

```
ls | paste -s -
ls | paste -s '-d\t\t\n' -
```

erzeugt jeweils eine Liste aller Dateien, zuerst alle nebeneinander, dann jeweils drei nebeneinander.

paste liest die Standardeingabe nur dann, wenn explizit der Parameter „–" angegeben wird; bei Aufruf ohne Parameter wird nichts verarbeitet, im Gegensatz zu vielen anderen Programmen wie z. B. *cat*.

Ein wichtiger Unterschied zwischen Datei-Parametern und Standardeingabe wird deutlich, wenn derselbe Parameter mehrfach angegeben wird: Bei Programmen wie *cat*, die einen Eingabestrom in einem Zug lesen, ist es nicht sinnvoll, den Strich „–" mehrfach anzugeben, da beim zweiten Mal nichts mehr zu lesen übrig wäre. *paste* liest jedoch immer nur eine Zeile, so daß auf den nächsten Strich die nächste Zeile gelesen wird. Beispiel: Das Kommando

```
ls | paste - - -
```

erzeugt wie das letzte Beispiel eine dreispaltige Liste aller Dateien. Dagegen gibt

```
ls >/tmp/liste
paste /tmp/liste /tmp/liste /tmp/liste
```

drei vollständige Dateilisten nebeneinander aus; die Datei */tmp/liste* wird dreimal eröffnet und von Anfang an gelesen!

pr dient hauptsächlich dazu, Texte grob für die Ausgabe auf einem Drucker aufzubereiten, indem es links, oben und unten auf jeder Seite Rand einfügt. Es ist auch in der Lage, mehrere Textströme nebeneinander zu setzen (Option *–m*) und ähnelt dabei in der Funktionsweise dem Programm *paste*; folgende wesentliche Unterschiede sind jedoch zu beachten:

a) Während *paste* die Spalten durch ein einziges Trennzeichen trennt und die Länge der Spalten nicht ändert, bringt *pr* die Spalten auf eine feste Länge, indem mit Tabulatoren aufgefüllt oder abgeschnitten wird. Wird beim Aufruf von *pr* mit der Option *-sx* ein Trenner *x* angegeben, so verhält es sich in dieser Hinsicht wie *paste*.

b) Wird in der Liste der Eingabeströme die Standardeingabe (–) mehrfach angegeben, so kommt *pr* durcheinander.

c) Wenn die Option *–m* für mehrspaltigen Druck angegeben ist, so nimmt *pr* automatisch die Optionen *–e* und *–i* (siehe unten) an. Das bewirkt oft ein unerwünschtes Verhalten.

Um *pr* zu anderen Zwecken als zur unmittelbaren Druckausgabe zu verwenden, schaltet man gewöhnlich durch die Option *–t* den oberen und unteren Rand und die Seitenüberschrift ab.

Eine wichtige Filterfunktion von *pr* wird durch die Option *–i* aufgerufen: Leerzeichenfolgen in der Eingabe werden, wo es möglich ist, durch Tabulatorsprünge ersetzt, wobei alle acht Positionen eine Tabulatormarke angenommen wird. (Ähnliches leistet das Kommando *col*.) Folgt nach *–i* eine Nicht-Ziffer, so wird das Zeichen als Tabulator verwendet. Folgt noch eine Ziffer, so gibt sie den Abstand der Tabulatormarken an. Auch einzelne Leerzeichen, die unmittelbar vor einer Tabulierposition stehen, werden ersetzt.

Die umgekehrte Funktion wird durch *–e* aufgerufen: Tabulatorsprünge werden durch die nötige Anzahl Leerzeichen ersetzt. Wieder können das Tabulatorzeichen und der Abstand angegeben werden. (In BSD-UNIX läßt sich diese Ersetzung von Tabulatoren durch Leerzeichen und umgekehrt auch durch die Kommandos *expand* und *unexpand* bewerkstelligen.)

Die Option *–n* numeriert die Zeilen in der Ausgabe durch. Im Gegensatz zum Kommando *nl* erhalten auch Leerzeilen eine eigene Nummer.

sort ist ein universelles Werkzeug zum zeilenweisen Sortieren von Texteingaben; es kann lexikalisch und numerisch sortieren und dabei Information in mehreren Spalten in beliebiger Reihenfolge berücksichtigen.

Da viele UNIX-Programme, wie *comm*, *join* oder *look*, als Eingabe sortierte Listen benötigen. ist *sort* ein unentbehrliches Werkzeug. Sortierte Listen können in vielen Fällen schneller bearbeitet werden (vergleiche die Arbeitsweise von *comm* und *diff*), so daß sich der zum Sortieren nötige Zeitaufwand lohnt, insbesondere wenn Listen in sortierter Form gespeichert und öfter verwendet werden.

Die Zeilen der Eingabe können nach Feldern und innerhalb der Felder nach Zeichen an bestimmten Positionen sortiert werden. Voreingestellt sind durch weißen Raum (Leerzeichen oder Tabulatoren) getrennte Felder; mit der Option *–d* läßt sich ein Feldtrenner angeben. Sortierkriterien werden angegeben in der Form

$$\mathtt{+pos1\ -pos2}$$

Dabei sind *pos1* und *pos2* von der Form *m.n*, *m* steht für das Feld und *n* für die Position im Feld. „*.n*" kann fehlen, dann wird *n = 0* verwendet. Sowohl Felder als auch Positionen zählen nicht von 1, sondern von 0 an, anders als z. B. beim Kommando *cut*. *pos1* ist die erste Stelle des Sortierkriteriums, *pos2* die erste Stelle, die *nicht* mehr zum Sortierkriterium gehört.

Jedem Kriterium können Kennbuchstaben folgen, die die Art der Sortierung beeinflussen. Tabelle 15a gibt einen Überblick. Wenn sich die Angaben auf alle Kriterien beziehen sollen, können sie auch als Optionen (*–d* usw.) angegeben werden. Weitere Optionen zu *sort* sind in Tabelle 15b angegeben.

Tabelle 15a. Sortierkriterien bei *sort*

d	Sonderzeichen ignorieren (nur Buchstaben, Ziffern und Leerraum)
f	Kleinbuchstaben als Großbuchstaben ordnen
i	nicht-druckbare Bytes ignorieren
M	Sortieren als (englische) Monatsnamen
n	numerisch, Sortieren nach dem Zahlwert
b	führende Leerzeichen gehören nicht zum Feld
r	umgekehrte Sortierreihenfolge

Tabelle 15b. Optionen bei *sort*

−c	Nur prüfen, ob Eingabe bereits sortiert
−m	Mischen mehrerer bereits sortierter Ströme (schneller als neu sortieren)
−u	von mehreren (in allen Kriterien) gleichen Zeilen nur eine ausgeben

join kombiniert zwei Listen, die Relationen einer Datenbank darstellen, nach einem gemeinsamen Feld, d. h. es erzeugt eine neue Liste, in der alle Zeilen der alten Listen, die in diesem Feld übereinstimmen, kombiniert enthalten sind. Die Listen müssen nach diesem Feld geordnet sein.

Ein gutes Anwendungsbeispiel ist die Bestimmung des Geschlechts einer Person nach dem Vornamen, die im Beispiel B.1 im Anhang erläutert ist. Dabei enthält eine Liste Vornamen und weitere Angaben zur Person, eine andere Liste Vornamen und Geschlechtsangaben (m/w/?); an die erste Liste sollen die Geschlechtsangaben angefügt werden (vgl. Abb. 23).

Das Vornamenfeld, das zur Verbindung dient, ist also in der ersten Liste das zweite Feld und in der zweiten Liste das erste Feld. Diese Angaben erhält *join* durch die Option *–j*, in der Form

```
-jListennummer  Feldnummer
```

Die Option

```
-o Listennummer.Feldnummer
```

gibt die Felder an, die in die Ausgabe übernommen werden sollen. Das Kommando

```
join -t:  -j1 2 -j2 1  -o 1.1 1.2 2.2  pers.liste genus.dat
```

verbindet also die beiden Listen über das zweite bzw. erste Feld und gibt das erste Feld der ersten (1.1, Familienname), das gemeinsame Feld (1.2, Vorname) und das zweite Feld der zweiten Liste (2.2, Geschlecht) aus.

Die Option *–t:* zeigt an, daß der Doppelpunkt Feldtrenner ist. Ohne *–t* zählen weiße Zeichen (Leerzeichen, Tabulatoren) als Feldtrenner, wobei Folgen von mehreren Trennzeichen als ein einziger Trenner wirken.

Weil *join* als Eingabe geordnete Listen erhält, braucht es weder zwischenzuspeichern noch Teile der Eingabe mehrmals zu lesen, kann also mit nackten

```
        pers.liste                  genus.dat
┌─────────────────────┐    ┌─────────────────────┐
│ Gnesebrecht:Barbara │    │ Achim:m             │
│ Meier:Barbara       │    │ Barbara:w           │
│ Schulze:Hans        │    │ Hans:m              │
│ Huber:Hans          │    │ . . .               │
│ Kant:Hans           │    │ Siegfried:m         │
│ Vogel:Uli           │    │ Uli:?               │
│ . . .               │    │ Zita:w              │
└─────────────────────┘    └─────────────────────┘
```

join -t: -j1 2 -j2 1 -o 1.1 1.2 2.2 pers.liste genus.dat

```
        ┌───────────────────────────┐
        │ Gnesebrecht:Barbara:w     │
        │ Meier:Barbara:w           │
        │ Schulze:Hans:m            │
        │ Huber:Hans:m              │
        └───────────────────────────┘
          . . .
```

Abb. 23. Verbinden zweier Listen nach einer gemeinsamen Spalte durch *join*

Datenströmen arbeiten. Außerdem ist die Verarbeitung effizient: der Rechenaufwand steigt nur linear mit der Länge der Listen.

Unsortierte Listen müssen vor der Bearbeitung geordnet werden, z. B. mit *sort*.

3.2.4 Makro-Expandierer

Textstücke, die unter einem bestimmten Namen vereinbart sind und bei Aufruf dieses Namens eingesetzt werden, bezeichnet man als *Makros*. Diese Technik der Textersetzung (Substitution) ist ein grundlegendes Programmiermittel, auch in den prozedural orientierten Programmiersprachen; Unterprogrammaufrufe lassen sich im Prinzip durch (dynamische) Textersetzung realisieren. Aber auch zur Einführung von Abkürzungen und Alternativnamen ist die Textersetzung von Bedeutung, und da geeignete Namensgebungen die Übersichtlichkeit von Programmen erhöhen und ihre Dokumentierung erleichtern, gibt es in UNIX eigene Programme zur Makro-Expansion, die entweder mit bestimmten Programmen fest zusammenarbeiten oder unabhängig eingesetzt werden können.

Die Eingabe von Makro-Prozessoren unterscheidet sich von der Eingabe eines Filter-Programms durch ihre Nicht-Lokalität: Eine Makro-Vereinbarung im Text kann in beliebig großer Entfernung wirksam werden (vgl. Abschnitt 2.4.2). Makro-Prozessoren arbeiten daher anders als kommando-gesteuerte Filter wie *sed* oder *awk*: Sie entfernen die Makro-Vereinbarungen und führen im übrigen Text Ersetzungen durch. Ihre Eingabe ist oft nicht in Zeilen und Feldern strukturiert.

Makro-Prozessoren sind sehr nützlich, wenn ein Text von vornherein auf die Bearbeitung mit ihnen abgestellt werden kann, eignen sich jedoch nicht so gut zur Bearbeitung bereits vorhandener Texte. Dafür gibt es vor allem drei Gründe:

a) Während Makro-Prozessoren ausgabeseitig durch ihre beliebigen Ersetzungs-
   texte (die auch wieder Makros enthalten können) sehr flexibel sind, ist die
   Eingabeseite eher starr: Der Suchmechanismus ist sehr einfach; es wird nur
   nach festen Namen gesucht, die oft noch in bestimmtem Kontext (z. B. am
   Zeilenanfang) auftreten müssen. Allgemeinere Suchschemata, wie bei
   regulären Ausdrücken, sind nicht möglich. Variationsmöglichkeiten bestehen
   nur in Form der Makro-Parameter.
b) Bei Makro-Prozessoren sind Eingabedaten und Steueranweisungen nicht
   getrennt. Steueranweisungen müssen in den Datentext eingestreut oder ihm
   vorgeschaltet werden.
c) Die Zeichen, die für den Makroaufruf und die Parameterübergabe maßgeblich
   sind (z. B. Klammern und Komma, Leerzeichen und Zeilenende), liegen fest
   und können nicht innerhalb des Makro-Prozessors an eine bestehende Schnittstelle angepaßt werden.

Für Fälle, in denen diese Beschränkungen einen Einsatz von Makroprozessoren
verhindern, eignen sich meist Werkzeuge wie *sed* und *awk*. Ungeeignete Aufruf-
zeichen, etwa eckige Klammern anstelle von runden, lassen sich mit den Kommandos *tr* oder *sed* umsetzen.

m4 ist ein universell verwendbarer Makro-Expandierer. Seine Makros können
Parameter haben und werden allein durch Nennung ihres Namens, ohne ein ein-
leitendes Kommando- oder Fluchtsymbol, aufgerufen. Makronamen bestehen aus
„alphanumerischen" Zeichen (Buchstaben, Ziffern und „_") und beginnen nicht
mit einer Ziffer. Parameter werden beim Aufruf in Klammern, durch Komma
getrennt, an den Makronamen angefügt. Gibt es keine Parameter, so können auch
die Klammern entfallen.

Die Grundbefehle von *m4* lassen sich ebenfalls als vorvereinbarte Makros auffassen. Die Vereinbarung eines neuen Makros erfolgt mit dem Befehl *define*; der
erste Parameter ist dabei der Name des neuen Makros, der zweite der dafür einzu-
setzende Text. Parameter werden in diesem Text durch $n angesprochen, wobei
n die Nummer (Position) des Parameters ist. Beispiel:

```
define(mex,der Makro-Expandierer "$1")dnl
mex(m4) und mex(cpp)
```

ergibt:

```
der Makro-Expandierer "m4" und der Makro-Expandierer "cpp"
```

(Das Makro *dnl* verschluckt den Zeilenwechsel, der nach dem Entfernen der
Definition übrigbleibt.)

Makros werden überall erkannt (und ersetzt), wo ihre Namen, von Sonderzeichen (nicht-alphanumerischen Zeichen) umgeben, vorkommen. Um die Expandierung eines Makros zu verhindern, kann man seinen Namen in *Zitierklammern*
einschließen. Voreingestellt sind dazu der linke und rechte Apostroph (` ');
durch `define' wird also einfach das Wort „define" ausgegeben. Das kann bei
zufälligem Auftreten eines Makronamens im Text erforderlich sein, aber auch bei
bestimmten Verwendungen dieser Namen. So wäre ohne Anführungszeichen das

Eingabe	Ausgabe

`changequote(<_,_>)dnl`
`' (das ist ein Apostroph)`
`<_define_>`
	`' (das ist ein Apostroph)`
	`define`

Abb. 24. Zeichenreihen als Anführungszeichen bei *m4*

Makro *undefine* (zum Aufheben einer Makrovereinbarung) nicht anwendbar, da der Aufruf

```
undefine(mex)
```

zunächst zu

```
undefine(der Makro-Expandierer "")
```

erweitert würde. Der Aufruf muß daher lauten:

```
undefine('mex')
```

Der als linkes Anführungszeichen voreingestellte Apostroph kann nicht ohne das rechte in Texten vorkommen, da Anführungszeichen geschachtelt wirken ; mit dem Makro *changequote* lassen sich jedoch andere Anführungszeichen vereinbaren, auch Zeichen*folgen*, wie in Abbildung 24 demonstriert wird.

Über den Makro-Mechanismus hinaus verfügt *m4* über Befehle, die eine vollwertige Programmiersprache darstellen. Tabelle 16 gibt einige Beispiele an.

Tabelle 16. Einige vordefinierte Makros in *m4*

`ifdef(b,t1,t2)`	falls b definiert, dann t1, sonst t2
`ifelse(v1,v2,t1,t2)`	falls v1=v2, dann t1, sonst t2
`eval(a)`	dezimales Ergebnis des arithm. Ausdrucks a
`eval(a,b)`	Ergebnis des arithm. Ausdrucks a, Basis b
`len(s)`	Länge der Zeichenreihe s
`substr(s,p,lg)`	Teilzeichenreihe von s, ab p-ter Stelle, Länge lg

```
define('fak', 'ifelse($1,1,1, '$1*fak(eval($1-1))')')
fak(4), eval(fak(4))
      (Ergebnis: 4*3*2*1, 24)
```

Abb. 25. Rekursives *m4*-Programm zur Berechnung der Fakultät

Die Programmierung unterscheidet sich allerdings von der in üblichen prozeduralen Sprachen; vor allem muß die Reihenfolge (Priorität) verschiedener

```
define(M_WH,29000)dnl
define(WHILE,dnl
define('M_WH',incr(M_WH))dnl
define('M_WH_1',M_WH)dnl
define('M_WH',incr(M_WH))dnl
define('M_WH_2',M_WH)
M_WH_1 CONTINUE
       IF (.NOT. ($1)) GOTO M_WH_2 dnl
)dnl
define(ENDWHILE,dnl
GOTO M_WH_1
M_WH_2 CONTINUE
)dnl
```

Abb. 26a. Definition einer *while*-Anweisung für Fortran

```
WHILE(I.GT.1)
    IF (MOD(I,2) .EQ. 0) THEN
       I = I/2
    ELSE
       I = 3*I+1
    ENDIF
ENDWHILE
```

Abb. 26b. Beispiel für die *while*-Anweisung aus Abbildung 26a

```
29001 CONTINUE
      IF (.NOT. (I.GT.1)) GOTO 29002
       IF (MOD(I,2) .EQ. 0) THEN
          I = I/2
       ELSE
          I = 3*I+1
       ENDIF
      GOTO 29001
29002 CONTINUE
```

Abb. 26c. Expandiertes Fortran-Programm zu Abbildung 26b

Ersetzungen genau beachtet und durch Anführungszeichen erzwungen werden. Ein Beispiel bietet die Berechnung der Fakultät in Abbildung 25: Läßt man die Anführungszeichen um die Anweisung *ifelse* weg, so wird sie schon bei der *Definition* von *fak* ausgewertet; *eval($1)* ergibt 0, und daher wird stets der zweite *eval*-Ausdruck eingesetzt; die Rekursion kann nicht mehr terminieren. Ohne die inneren Anführungszeichen (um *eval*) wird der rekursive Aufruf von *fak vor* der Entscheidung durch *ifelse* ausgewertet; die Rekursion terminiert ebenfalls nicht.

m4 eignet sich dazu, neue syntaktische Konstrukte in Programmiersprachen einzubauen, die über keinen eigenen Makro-Prozessor verfügen (vgl. Jänsch et al. 1988). So läßt sich eine primitive, nicht schachtelbare WHILE-Anweisung für

Fortran durch den Vorschalttext in Abbildung 26a definieren (man beachte die geschachtelten *define*-Anweisungen). Die Abbildungen 26b und 26c zeigen ein Beispielprogramm und das expandierte Fortran-Programm.

Beispiel B.7 im Anhang zeigt, wie *m4* in der Textverarbeitung zur Erzeugung von Querverweisen eingesetzt werden kann. Er arbeitet dazu mit dem Formatierer *troff* zusammen.

Der UNIX-Assemblierer *as* besitzt eine Option *–m*, die bewirkt, daß das gelesene Programm durch *m4* vorbearbeitet wird. Dadurch lassen sich Assembler-Programme vielfach übersichtlicher gestalten.

cpp ist der Makro-Präprozessor des C-Kompilierers *cc*. Er läßt sich jedoch auch separat aufrufen. Seine Möglichkeiten sind zwar gegenüber denen von *m4* eingeschränkt, aber für viele Anwendungen ausreichend; zum Beispiel wird er bei manchen Systemen (nicht System V!) im Terminkalender-Programm *calendar* eingesetzt, so daß der Benutzer in seinem Terminkalender Abkürzungen vereinbaren kann, etwa in der Art:

```
#define FA Firma A, B-Strasse, C-Stadt
Feb 21   Lehrgang bei FA
Feb 28   Nachbespr. bei FA
                        ↓
Feb 21 Lehrgang bei Firma A, B-Strasse, C-Stadt
Feb 28 Nachbespr. bei Firma A, B-Strasse, C-Stadt
```

Die Verwendung von *cpp* kann zu Portabilitätsproblemen führen, da C-Kompilierer nicht auf allen Systemen einen separaten Präprozessor zu haben brauchen; außerdem können Entwicklungen der Sprache C Änderungen der Funktionsweise von *cpp* zur Folge haben. Da *cpp* jedoch vielen Benutzern von der Programmiersprache C her bereits vertraut ist, kann sein Einsatz dort vorteilhaft sein, wo folgende Fähigkeiten ausreichen:

a) Einfache Ersetzung eines alphanumerischen Namens durch eine Zeichenreihe
b) Ersetzung (nicht-rekursiv) eines Namens mit Parameterliste durch eine Zeichenreihe mit eingestreuten Parametern
c) Ausblenden von Zeilen nach auszuwertenden Bedingungen

Die Vereinbarung von Makros ist bei *cpp* zeilenorientiert; sie erfolgt durch

```
#define name(par-liste) Ersetzungstext
```

Der Ersetzungstext geht bis zum Ende der Zeile, das jedoch durch \ maskiert werden kann. Beim Aufruf (durch `name(par-liste)`) werden alle im Ersetzungstext vorkommenden (formalen) Parameter durch die Aufrufparameter ersetzt. Zu beachten ist, daß beim Aufruf zwischen dem Namen und der Klammer ein Leerzeichen stehen darf, bei der Vereinbarung dagegen nicht!

cpp erzeugt normalerweise Einschübe der Form

```
# Zeilennummer Dateiname
```

die dem C-Kompilierer erlauben, bei Syntaxfehlern die Stelle in der Quelldatei anzugeben. Diese Einschübe lassen sich durch die Option *–P* unterdrücken.

Eine genauere Einführung in das Arbeiten mit *cpp* findet sich bei Foxley (1988) im Anhang 4.

nroff als Makro-Expandierer: *nroff* ist zwar eigentlich ein Textformatierer, verfügt aber über einen eingebauten Makro-Expandierer, der auch außerhalb der Dokumenterstellung eingesetzt werden kann. Der Hauptunterschied zwischen diesem Expandierer und Programmen wie *m4* und *cpp* besteht in der Aufrufschnittstelle, die bei *nroff* nach Art der *Shell*-Eingabe gehalten ist: zeilen- und feld-orientiert, mit Folgen von Leerzeichen als Feldtrennern. Felder (Parameter), die Leerzeichen enthalten, müssen durch Doppelapostrophe geklammert (zitiert) werden. Namen von Makros haben eine Länge von nur zwei Zeichen; der Aufruf erfolgt durch einen Punkt am Zeilenanfang, gefolgt vom Namen und den Parametern. Vereinbart werden Makros durch die Anweisung .de *name*, auf die ab der nächsten Zeile der Ersetzungstext folgt, abgeschlossen durch eine Zeile aus zwei Punkten. Der Ersetzungstext ist wieder beliebig, darf auch rekursive Makro-Aufrufe enthalten und mit \\\$*1*, ..., \\\$*9* auf die Parameter Bezug nehmen. Da Rekursivität zugelassen ist, ist wie bei *m4* die Auswertungsreihenfolge bei der Ersetzung von großer Bedeutung. Es gilt die Regel, daß bei einer Auswertung zwei aufeinanderfolgende Abstriche (\\) zu *einem* zusammengezogen werden. Daher wird ein Parameteraufruf der Form \\\$*n* bei der Makro*definition* in \\\$*n* umgewandelt und beim Makro*aufruf* ersetzt.

nroff besitzt außer Makros auch Text- und numerische Variablen, die auch innerhalb einer Zeile eingesetzt werden können (*(*xx* bzw. \n(*xx*, vgl. Abschnitt 5.1.1), und einen Befehl .nr zur Auswertung einfacher arithmetischer Ausdrücke (ohne Punkt-vor-Strich!) und Zuweisung des Ergebnisses an eine numerische Variable. Damit ist auch die Eingabe von *nroff*, wie die von *m4*, eine echte Programmiersprache. Was allerdings mit *nroff* nicht möglich ist, ist die Zerlegung von Zeichenreihen in Teilzeichenreihen und Einzelzeichen.

Ein Beispiel zur Programmierung von *nroff* gibt Abbildung 27; sie zeigt die Erzeugung einer Tabelle zur Umrechnung von Celsius in Fahrenheit nach der Formel

$$T_F = \tfrac{9}{5} T_C + 32$$

Eine andere Version des Makros *.TB* (Abb. 28) erwartet Anfangs- und Endwert der Tabelle (0/100) sowie die Schrittweite (20) als Parameter; damit lassen sich beliebige Umrechnungstabellen drucken.

3.2.5 Vergleichende Programme

diff, cmp: Die beiden Programme *diff* und *cmp* vergleichen den Inhalt zweier Dateien (oder Datenströme) und reagieren über die Standardausgabe und die R-Schnittstelle. *diff* arbeitet zeilen-, *cmp* byte-orientiert. Beim Vergleich können drei Fälle auftreten: Gleichheit, Ungleichheit und Fehler (Fehler sind z. B. falsche Optionen, nicht existierende oder nicht lesbare Dateien oder zu wenig Parameter).

```
.nr TC 0                           \" T_C := 0

.de TB                             \" Makro "TaBelle":
.nr TF 9*\\n(TC/5+32               \" T_F := 9*T_C/5+32
.br                                \" neue Zeile
        \\n(TC          \\n(TF     \"  mit T_C und T_F
.nr TC +20                         \" T_C := T_C + 20
.if \\n(TC<=100  .TB               \" falls T_C <=100: Rekursion
..                                 \" Ende von TB
```

Abb. 27a. Erzeugen einer Umrechnungstabelle mit *nroff*

0	32
20	68
40	104
60	140
80	176
100	212

Abb. 27b. Ergebnis des Programms von Abb. 27a (Aufruf mit „.TB")

```
.de TB
.nr TF 9*\\$1/5+32
.br
        \\$1            \\n(TF
.nr TC (\\$1+\\$3)
.if \\n(TC<=\\$2  .TB \\n(TC \\$2 \\$3
..
.ta 5cR 7cR
.TB 0 100 20
```

Abb. 28. Erweitertes *nroff*-Tabellenprogramm mit Parametern; Anfangs- und Endwert sowie Schrittweite können angegeben werden.

Tabelle 17 zeigt für diese Fälle die Ausgabe und den über die R-Schnittstelle zurückgegebenen Wert.

cmp −s wirkt also nur auf die R-Schnittstelle, die z. B. in einer *Shell* abgefragt werden kann. *cmp* gibt die Nummer des ersten unterschiedlichen Bytes an, und *cmp −l* die Werte aller unterschiedlichen Bytes als Oktalzahlen.

diff gibt die unterschiedlichen Zeilen aus und kennzeichnet die Zeilen der ersten Datei durch „<", die der zweiten durch „>". Die Unterschiede sind nicht immer eindeutig beschreibbar; ein Vertauschen zweier Zeilen läßt sich etwa als Verschiebung (Löschen und Wiedereinfügen) der ersten Zeile nach hinten oder der zweiten Zeile nach vorn deuten. *diff* bemüht sich, die Unterschiede möglichst kurz

Tabelle 17. Ergebnisse der Vergleichsprogramme *diff* und *cmp*

	R-Wert	Ausgabe			
		`diff`	`cmp -s`	`cmp`	`cmp -l`
Dateien gleich	0	nichts			
Dateien verschieden	1	Unter-schiede	nichts	erstes unter-schiedl. Byte	alle unter-schiedl. Bytes
Fehler	2	Meldung	nichts	Meldung	Meldung

zu beschreiben. Dazu muß es viele Möglichkeiten durchprobieren und Teile der
Eingabe mehrmals betrachten. Es kann daher nicht ohne Zwischenspeicherung
des Inhalts auskommen, und die Rechenzeit wächst für große Dateien sehr schnell
an, wenn Unterschiede vorhanden sind.

Die Option *–e* veranlaßt *diff*, als Ausgabe Kommandos für den Editor *ed* zu
erzeugen, die die erste angegebene Datei in die zweite verwandeln. Diese Funktion von *diff* erlaubt es, von zwei ähnlichen Dateien nur eine und die Unterschiede
zur anderen zu speichern, woraus man die zweite Datei jederzeit mit *ed* rekon-
struieren kann.

diff liest seine Eingabeströme mehrmals und muß daher zum Zurück-
positionieren auf die N-Schnittstelle zugreifen. Wenn die Standardeingabe verarbeitet wird, muß sie in einer temporären Hilfsdatei zwischengespeichert werden.
Ein FIFO (benannte *Pipe*, vgl. Abschnitt 2.4.5) wird jedoch von *diff* nicht als
solche erkannt und wie eine gewöhnliche Datei behandelt; da *diff* sie mehrmals zu
lesen versucht, bleibt das Programm stecken, bis erneut etwas in das FIFO
geschrieben wird! Daten in FIFOs, die mit *diff* verglichen werden sollen, müssen
zuerst in Dateien zwischengespeichert werden.

Diese Einschränkung gilt nicht für das Programm *diffh*, das durch „*diff –h*" aufgerufen wird. Es sucht nur lokale Unterschiede, ist daher wesentlich schneller, für
beliebig große Dateien und auch ohne Einschränkung für FIFOs geeignet. Dafür
versagt es, wenn die Unterschiede zu groß sind, und es nimmt oft überein-
stimmende Zeilen, die zwischen unterschiedlichen stehen, zu den Unterschieden
hinzu.

Die fehlende Fähigkeit von *diff*, FIFOs zu erkennen und zu kopieren, kann man
einem Kommando-Skript für die *Shell* übertragen, das im Anhang B.6 angegeben
ist.

comm: Die Wirkung von *comm* ähnelt insofern der von *diff*, als beide Programme
Unterschiede zwischen zwei Datenströmen feststellen können. *comm* verlangt
jedoch geordnete Eingabeströme und kann daher mit linearem Zeitaufwand
arbeiten. Sind die Eingaben nicht geordnet, so ist die Ausgabe von *comm* nicht
sinnvoll — eine Eigenschaft, die in Beschreibungen oft übersehen wird.

comm gliedert seine Ausgabe in drei Spalten, die um je eine Tabulatorposition
eingerückt sind. Die beiden ersten Spalte enthalten Zeilen, die nur im ersten bzw.
im zweiten Eingabestrom enthalten sind. In der dritten Spalte stehen die gemein-

samen Zeilen. Jede der drei Spalten läßt sich durch eine entsprechende Option
–[123] unterdrücken. Ohne Optionen werden alle drei Spalten ausgegeben.

uniq: Während *diff*, *cmp* und *comm* zwei verschiedene Datenströme vergleichen,
vergleicht *uniq* aufeinanderfolgende Zeilen eines einzelnen Datenstroms. Bei
diesem Vergleich können mit der Option *–n* die ersten *n* Felder und mit *+n* die
ersten (bzw. die diesen Feldern folgenden) *n* Zeichen ignoriert werden. Felder
werden dabei durch Leerraum getrennt; die Angabe eines anderen Trennzeichens
ist nicht möglich.

uniq unterscheidet zwischen Zeilen, die mehrfach hintereinander vorkommen,
und solchen, die weder mit der vorhergehenden noch mit der nachfolgenden übereinstimmen. Die Option *–d* gibt die ersteren, die Option *–u* die letzteren aus. Ist
keine dieser Optionen angegeben, so werden (wie bei *–du*) alle Zeilen ausgegeben,
jedoch die wiederholten nur ein einziges Mal. Die Option *–c* impliziert *–ud* und
gibt zu jeder Zeile die Anzahl ihres Vorkommens aus.

Durch Vorschalten des Kommandos *sort* kann man sicherstellen, daß identische
Zeilen in einer Datei benachbart sind. Zeichen oder Felder, die von *uniq* ignoriert
werden sollen, müssen natürlich beim Sortieren ebenfalls ignoriert werden.

uniq unterscheidet sich im Aufruf von den meisten anderen UNIX-Programmen
dadurch, daß eine Ausgabedatei ohne kennzeichnende Option angegeben werden
kann. Das ist dadurch möglich, daß nur *eine* Eingabedatei zugelassen ist. Der
Aufruf

```
uniq d1 d2
```

überschreibt also die Datei *d2*, falls sie schon existiert! Ohne Angabe von Dateien
wird die Standardeingabe verarbeitet. Soll allerdings eine Ausgabedatei angegeben werden, so muß auch die Eingabe aus einer Datei kommen; die Bezeichnung
„–" für die Standardeingabe wird nicht erkannt.

Ein Beispiel für die Anwendung von *uniq* wie auch für das Zusammenwirken
meherer Werkzeuge ist die Verwaltung von Rekordlisten, wie sie bei Bildschirm-
spielen verwendet werden. Nehmen wir an, eine solche Liste enthalte pro Zeile
zuerst den Punktestand und dann den Namen des Spielers; jeweils die zehn besten
Spieler sollen in der Liste stehen. Wird nun das Ergebnis eines neuen Spiels an
die Liste angehängt, so stellt das folgende Kommando die gewünschten Bedingungen wieder her:

```
sort +1 +0rn liste | uniq -1 | sed 10q | sort +0rn -o liste
```

Der erste Aufruf von *sort* ordnet die Liste so, daß Einträge desselben Spielers
hintereinander stehen (+1 = 1. Spalte), und zwar die höhere Punktzahl zuerst
(+0rn). Dann entfernt *uniq* alle Zeilen mit demselben Spielernamen bis auf die
jeweils erste; das Punktefeld wird dabei ignoriert (-1). *sed* beschränkt die Liste
auf zehn Zeilen; anschließend ordnet *sort* nach der Punktzahl, und zwar wieder
absteigend (+0rn). Alle diese Funktionen in C zu programmieren, wäre zwar
etwas effizienter, aber weitaus komplexer und fehleranfälliger.

3.3 S- und N-Schnittstelle: Dateiorientierte Programme

Es gibt verschiedene Gründe, wenn ein Programm nicht mit einem nackten Datenstrom (der z. B. aus einem FIFO kommt), sondern nur mit einer Eingabe*datei* arbeitet. Zwingende Gründe sind:
- Das Programm will am bearbeiteten Objekt selbst (nicht an einer Kopie) Änderungen machen; Beispiel: Editoren;
- Das Programm will die Information in anderer Reihenfolge lesen als in der vorliegenden; Beispiel: Binärsuche, Programm *look*.

Weniger zwingende Gründe sind:
- Das Programm will die Information mehrfach lesen; hier ist auch Zwischenspeicherung möglich, wie sie etwa *diff* verwendet.
- Das Programm verwendet die im Datei*namen* enthaltene Information; ein Beispiel ist der C-Kompilierer *cc*, der sowohl die Endung (Dateityp) als auch den eigentlichen Namen auswertet.

Für die *Ausgabe* müssen z. B. dann Dateinamen angegeben werden, wenn mehrere Ausgabeströme erzeugt werden.

3.3.1 Editoren

Wir haben bereits den Strom-Editor *sed* kennengelernt, der einen Datenstrom verändert und dann auf seine Standardausgabe schreibt. Er ist dadurch eingeschränkt, daß er seine Eingabe nicht mehrfach lesen und nicht darin positionieren kann; daher kann er im wesentlichen nur lokale Änderungen bewirken.

Ein Datei-Editorprogramm kann dagegen seine Eingabe beliebig oft und in beliebiger Reihenfolge lesen und auch ändern. Seine Möglichkeiten gehen viel weiter als die eines Strom-Editors; allerdings wird sein Aufwand für Um- und Zwischenspeicherungen mit wachsender Dateigröße immer höher. Datei-Editoren haben daher meist eine Obergrenze für die Größe der Dateien, die sie bearbeiten können.

Der UNIX-Standardeditor *ed* ist nicht nur für den Dialog mit einem Benutzer geeignet, sondern verarbeitet auch vorgefertigte Kommando-Skripten. Bei der Erstellung solcher Skripten muß man allerdings über genaue Kenntnis der bearbeiteten Dateien verfügen oder alle auftretenden Fälle vorhersehen, da ein interaktives Reagieren auf die Antworten des Editors ja nicht möglich ist. Die Unterschiede in der Arbeitsweise von *ed* und *sed* veranschaulicht Abbildung 29: Während bei *ed* über die Standardkanäle der Editier-Dialog (Kommandos und Reaktionen) läuft und die bearbeitete Information in einer Datei steht, ist es bei *sed* umgekehrt; die Kommandos kommen aus einer Datei oder einer Aufrufoption, und die bearbeitete Information geht über die Standard-Ein- und Ausgabe.

Ein Beispiel für die Bearbeitung einer bekannten Datei ist die Umwandlung einer Datei in eine Neuversion mit einem durch das Kommando *diff –e* (vgl. Ab-

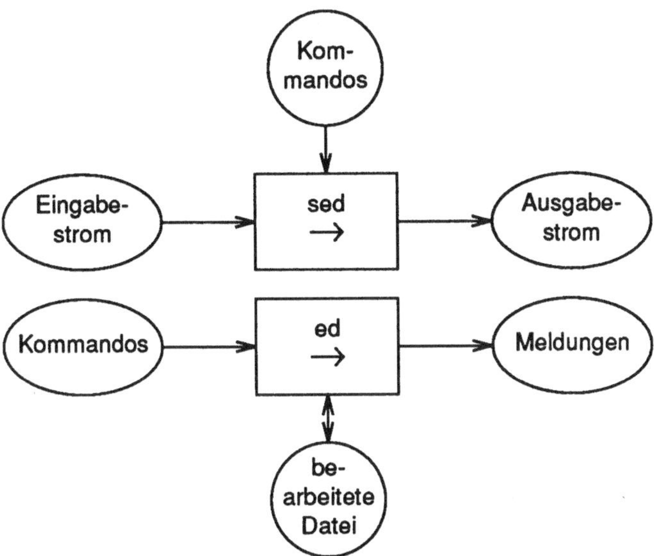

Abb. 29. Vergleich zwischen *ed* und *sed*

schnitt 3.2.5) erzeugten *ed*-Skript. Da sowohl Dateiinhalt als auch Kommandos von vornherein bekannt sind, treten keine unvorhergesehenen Situationen auf.

Bildschirmeditoren wie *vi* oder *emacs* sind für den Dialogbetrieb komfortabler als der zeilenorientierte *ed*, aber für den abgesetzten Einsatz in Kommando-Prozeduren kaum geeignet. Das Programm *vi* verfügt aber über einen Modus (Aufruf als Kommando *ex*), in dem er sich ähnlich verhält wie *ed*, jedoch einen größeren und komfortableren Befehlssatz bietet.

3.3.2 split, csplit

Mit *split* lassen sich Textdateien in Stücke gleicher Zeilenzahl zerlegen. Die Zeilenzahl wird als erster Parameter angegeben, gefolgt vom Dateinamen und einem Zielnamen:

```
split [-n ] [ quelle[ ziel ]]
```

Wird keine Zeilenzahl angegeben, so werden Abschnitte von 1000 Zeilen erzeugt. Fehlt die Angabe der *quelle* oder ist sie gleich „–“, so wird die Standardeingabe bearbeitet. Die Teile werden in Dateien abgelegt, deren Namen aus *ziel* und zwei Zusatzbuchstaben bestehen, die von *aa* bis *zz* durchgezählt werden; es sind also $26^2 = 576$ Teile möglich. Wenn *ziel* fehlt, wird der Name der *quelle* verwendet.

split kann nützlich sein, um große Dateien leichter bearbeiten zu können, aber z. B. auch, um die Teile dann mit *pr* ineinanderzumischen. Hat etwa die Datei *liste* 200 Zeilen, so geben folgende Kommandos immer abwechselnd eine Zeile aus der ersten und eine aus der zweiten Hälfte aus (die Option *–s* beim Kommando *pr* gibt NL als Feldtrenner an) :

```
split -100 liste teil.
pr -m -t '-s
' teil.aa teil.bb
```

Das Kommando *csplit* erlaubt, die Unterteilung vom Dateiinhalt abhängig zu machen. Dazu können dem Namen der Quelle Trennkriterien folgen, die aus einem regulären Ausdruck oder einer Zeilenzahl bestehen können. Reguläre Ausdrücke werden in Schrägstriche (/.../) eingeschlossen; sind sie in Prozentzeichen eingeschlossen (%...%), so wird der so abgeschlossene Dateiabschnitt in der Ausgabe unterdrückt. Eine Zeilenzahl gibt einfach die Länge des Abschnitts an. Jedes Kriterium kann durch einen nachgestellten Faktor in geschweiften Klammern beliebig wiederholt werden. Von einer Zeile, die durch einen regulären Ausdruck angesprochen wird, kann man mit *-n* und *+n* um *n* Zeilen nach vorn bzw. hinten gehen.

Das Präfix der Zielnamen wird als Wertoption „*–f ziel*" angegeben; keine Angabe bedeutet „*xx*". Numerierung der Teile erfolgt von *00* bis *99*.

Beispiel: Das folgende Kommando zerlegt ein Fortran-Programm nach jeder Zeile, die das Wort *end* enthält:

```
csplit -k prog.f "/ end /+1" {99}
```

Die Verwendung regulärer Ausdrücke veranschaulicht der Aufruf

```
csplit -k prog.f "/^ *e[nd ]*$/+1" {99}
```

der auch Zeilen findet, die das Wort *end* mit eingebetteten Leerzeichen enthalten (korrekte Fortran-Programme werden durch den Aufruf tatsächlich nur nach *end*-Anweisungen geteilt).

Die Option *–k* ist nötig, damit die Ausgabedateien nicht gelöscht werden, falls weniger Teile als die angegebenen 99 entstehen. Zur Zerlegung von Fortran-Programmen gibt es übrigens ein eigenes Programm namens *fsplit*.

3.3.3 look

Das Programm *look* gehört bei vielen UNIX-Systemen nicht zum Lieferumfang. Es sucht in geordneten Dateien nach Zeilen, die mit einer angegebenen Zeichenreihe beginnen. Seine Funktion entspricht also der von

```
grep "^..."
```

look ist jedoch in seiner Verwendbarkeit auf sortierte Dateien beschränkt und kann daher wesentlich schneller arbeiten. Während *grep* die ganze Liste lesen muß und daher einen zur Listenlänge proportionalen Zeitbedarf hat, liest *look* nur einzelne Teile der Datei und kommt daher mit logarithmischer Zeit aus, d. h. für jede Verdoppelung der Listenlänge wächst der Zeitbedarf nur um einen konstanten Betrag.

Die Einschränkungen für *look* im Vergleich zu *grep*, die diese Zeitersparnis ermöglichen, lassen sich also wie folgt zusammenfassen:

- Die Suchliste ist eine Datei, also weder FIFO noch Gerät (sonst kann nicht frei positioniert werden).
- Die Suchliste ist nach Zeilen sortiert.
- Es wird nach dem *Anfang* einer Zeile gesucht, und zwar nach einem festen, nicht einem regulären Ausdruck.

look kennt die Option *–f*, die Groß- und Kleinschreibung gleichsetzt, und die Option *–l*, die Sonderzeichen (alle Zeichen außer Buchstaben, Ziffern und Leerzeichen) ignorieren läßt. Beides gilt sowohl für das Suchmuster als auch für das Sortierkriterium der Liste. Wenn keine Suchliste angegeben ist, durchsucht *look* die Datei */usr/dict/words*, die eine Liste amerikanisch-englischer Wörter enthält. Dabei wird die Option *–f* angenommen, da die Datei ohne Rücksicht auf Groß- und Kleinschreibung sortiert ist.

Da *look* in vielen Systemen nicht verfügbar ist, andererseits aber die einzige Möglichkeit darstellt, schnellen Zugriff mit der Übersichtlichkeit eines lokal organisierten Datenstroms zu verbinden, ist im Anhang B.5 ein C-Programm *look.c* angegeben, das die sortierte Suche leistet.

3.4 Weitere Schnittstellen

3.4.1 T-Schnittstelle

Die Einstellung von Sichtgerätetreibern (vgl. Abschnitt 2.6) läßt sich mit dem Kommando *stty* sowohl abfragen als auch verändern. Leider bestehen bei den möglichen Einstellungen Unterschiede zwischen verschiedenen Systemen. Zu Einzelheiten muß daher auf die Handbücher verwiesen werden.

stty stellt u. a. bestimmte Steuerzeichen für den Treiber ein (s. Tabelle 10). Dabei lassen sich nicht-druckbare Zeichen durch eine Kombination aus einem Dach (^) und einem druckbaren Zeichen darstellen (s. Abschnitt 2.7.1).

Ein Aufruf von *stty* bezieht sich normalerweise auf das Sichtgerät, von dem aus der Aufruf erfolgt. In manchen Systemen untersucht das Kommando das mit seiner Standardeingabe verbundene Gerät, auf anderen das mit der Standardausgabe verbundene. Durch Umlenken dieser beiden Kanäle lassen sich daher andere Geräte ansprechen.

Die Nutzung besonderer Funktionen eines Bildschirms, wie sie bei der Programmierung in C über die Bibliothek *curses* zur Verfügung stehen, erlaubt auf der Kommando-Ebene das Kommando *tput*. Die Funktionsnamen aus *curses* können als Parameter angegeben werden; so löscht *tput clear* den Bildschirm, *tput bold* stellt, falls vorhanden, eine fette oder hervorgehobene Schrift ein.

3.4.2 N-Schnittstelle

Der lesende Zugriff auf die N-Schnittstelle, also im Dateikopf oder *inode* einer Datei gespeicherten Informationen, ist aus der Kommandoebene über das Kommando *ls* möglich. Einzelheiten sind in Tabelle 8 im Abschnitt 2.5 aufgeführt.

Besitzer und Gruppe einer Datei lassen sich mit den Kommandos *chown* bzw. *chgrp* verändern. Diese Kommandos erwarten als ersten Parameter den Namen oder die Nummer des Benutzers bzw. der Gruppe; es dürfen beliebig viele Namen von Dateien folgen.

Die Zeitstempel einer Datei, in denen die letzten Zugriffe vermerkt sind, kann das Kommando *touch* ändern. Bei Angabe der Option *–a (access)* wird die Zeit des letzten lesenden, bei *–m (modify)* die des letzten schreibenden Zugriffs gesetzt. Bei fehlenden Optionen wird *–am* angenommen, so daß beide Zeiten geändert werden. Der Stempel für die letzte Zustandsänderung des Knotens läßt sich nicht verändern (vgl. Abschnitt 2.5). *touch* erzeugt Dateien (ohne Inhalt), falls sie noch nicht existieren; die Angabe der Option *–c* verhindert das.

Werden als Parameter nur Dateinamen angegeben, so setzt *touch* die Zeitstempel auf die aktuelle Zeit; die Datei erscheint dann so, als wäre sie gerade gelesen oder geändert worden. Letzteres ist etwa nützlich, um das Kommando *make* zur Neuerzeugung einer Datei zu zwingen. Ist eine andere Zeit als die aktuelle gewünscht, so muß sie als erster Parameter von *touch* angegeben werden, und zwar durch acht Ziffern, die, in jeweils zwei Stellen, Monat, Tag, Stunde und Minute angeben. Zwei weitere Stellen können das Jahr enthalten, falls es nicht das laufende ist. Dieses Format ist dasselbe, das auch beim Setzen des Datums mit dem Kommando *date* verwendet wird. Siehe hierzu auch Abschnitt 2.7.3.

3.4.3 Unterbrechungssignale

Unterbrechungssignale an andere Programme kann man aus der *Shell* mittels des Kommandos *kill* schicken. Dabei ist die Prozeßnummer des Zielprozesses anzugeben. Die *Korn-Shell* und die *C-Shell* besitzen ein eingebautes *kill*, das laufende Hintergrundprozesse auch mit der Notation *kill %n* ansprechen kann, wobei n die Nummer ist, die die *Shell* dem Hintergrundprozeß zugeteilt hat, und die durch das Kommando *jobs* abgefragt werden kann.

Normalerweise sendet *kill* das Signal Nummer 15 (*SIGTERM*); die Nummer (häufig auch der Name) eines anderen Signals läßt sich als Option, mit vorangestelltem Minuszeichen, angeben. In Systemen oder *Shells*, wo Signalnamen statt Nummern zulässig sind, gibt *kill -l* eine Liste der Signalnamen aus.

Die *Shell* selbst kann auf Signale spezifisch reagieren, wenn man mit dem Kommando *trap* Kommandos angibt, die bei Empfang des Signals ausgeführt werden sollen. (Die *C-Shell* besitzt ein Kommando *onintr*, bei dem eine Sprungmarke steht.) Abbildung 30 zeigt ein Beispiel, in dem bei Unterbrechung durch *INT* noch eine temporäre Datei gelöscht wird, die ein Programm *prog1* möglicherweise stehengelassen hat.

Bourne-Shell	C-Shell

`TMP=/tmp/tt$$`
`trap` `"rm $TMP; exit" INT`
`prog1 $TMP`
`rm $TMP`
	`set TMP=/tmp/tt$$`
	`onintr` `aufraeumen INT`
	`prog1 $TMP`
	`aufraeumen:`
	`    rm $TMP`

Abb. 30. Signalbehandlung in *Shell*-Skripten; Beispiel: Löschen einer temporären Datei bei Unterbrechung

3.4.4 Direkte Prozeß-Kommunikation

Die Organisation der Kommunikation über Semaphore, gemeinsamen Speicher *(shared memory)* und Nachrichtenschlangen *(message queues)* ist im wesentlichen den Programmen selbst überlassen. Zwei Kommandos erleichtern die Übersicht: *ipcs (inter-process communication status)* gibt Daten über den Zustand aktiver Kommunikationsmittel aus, *ipcrm* löscht Kennungen solcher Kommunikationsmittel. Die Optionen –*m*, –*q* und –*s* beziehen sich jeweils auf gemeinsamen Speicher *(shared memory)*, Warteschlangen *(message queues)* und Semaphore.

4 Programmieren in C

Es kann und soll hier keine vollständige Einführung in die C-Programmierung gegeben werden. C ist aber die Sprache, auf der die meisten UNIX-Programme basieren; es hat daher die Gestaltung von Schnittstellen beeinflußt und ist umgekehrt von ihnen beeinflußt worden. Das betrifft besonders Standardunterprogramme, die in UNIX zur Verfügung stehen, und Programmiertechniken, die sich zur Behandlung von Schnittstellen entwickelt haben.

Die K- und S-Schnittstellen bestehen im wesentlichen aus Zeichenreihen. Zeichenreihen werden in C als Felder des Typs *char* gespeichert. Um wechselnde Längen einer Zeichenreihe (im Rahmen einer Maximallänge) zu behandeln, gibt es grundsätzlich drei Möglichkeiten:

a) Die aktuelle Länge wird in einer zusätzlichen Größe mitgeführt (wie in manchen PASCAL-Dialekten);

b) Die Zeichenreihe wird stets mit Leerzeichen auf ihre volle Länge aufgefüllt (wie z. B. in FORTRAN);

c) Das im Text nicht vorkommende Zeichen \0 (ASCII 0) schließt die Zeichenreihe ab. Wenn die Länge der Zeichenreihe benötigt wird, muß sie durch Suchen dieses Zeichens berechnet werden.

In C wird fast ausschließlich die letzte Möglichkeit verwendet, die die Sprache dadurch unterstützt, daß Zeichenreihenkonstanten in der Form "..." angegeben werden können und vom Kompilierer automatisch durch \0 abgeschlossen werden. Außerdem stehen in UNIX viele Unterprogramme zur Verfügung, die solche Zeichenreihen verarbeiten oder erzeugen. Tabelle A.5 im Anhang führt die wichtigsten auf.

Auch zur Prüfung von Zeichenklassen (z .B. Groß-, Kleinbuchstaben) und zur Umwandlung von Zeichenreihen in andere Datentypen, hauptsächlich Zahlen, gibt es Standardunterprogramme, deren Verwendung die Programmierung sicherer und übersichtlicher macht. Die Tabellen A.6 und A.7 im Anhang geben eine Übersicht.

Unterprogramme zur Behandlung anderer Schnittstellen sind in der Tabelle A.9 ihren ungefähren Entsprechungen auf der UNIX-Kommandoebene gegenübergestellt.

4.1 Behandlung der K- und U-Schnittstelle

Eingehende Schnittstelle. Auf ihre eigene eingehende K- und U-Schnittstelle
haben C-Programme Zugriff über drei Parameter des Hauptprogramms *main*:

```
main (parzahl, parwert, umgebung)
    int parzahl;
    char *parwert[];
    char *umgebung[];
```

parwert ist ein Feld von Zeigern auf Zeichenreihen, die die K-Parameter enthalten.
Die Zeichenreihen sind, wie in C üblich, mit dem Zeichen \0 abgeschlossen.
parwert[0] enthält nach den Konventionen der *Shell* den Namen, mit dem das
Programm aufgerufen wurde; das kann entweder nur der eigentliche Name oder
der ganze Pfad des Namens sein. *parzahl* enthält die Anzahl der K-Parameter,
wobei der Programmname mitzählt; *parzahl* ist also im Normalfall nicht 0.

In *parwert* steht gewöhnlich nach dem letzten Wert noch ein Zeiger mit dem
Wert *NULL*, der das Ende der Parameterliste anzeigt.

umgebung enthält ebenfalls durch \0 abgeschlossene Zeichenreihen, in denen
jedoch nicht nur die Werte, sondern auch die Namen der Umgebungsvariablen
stehen. Die genaue Form geht aus Abbildung 31 hervor.

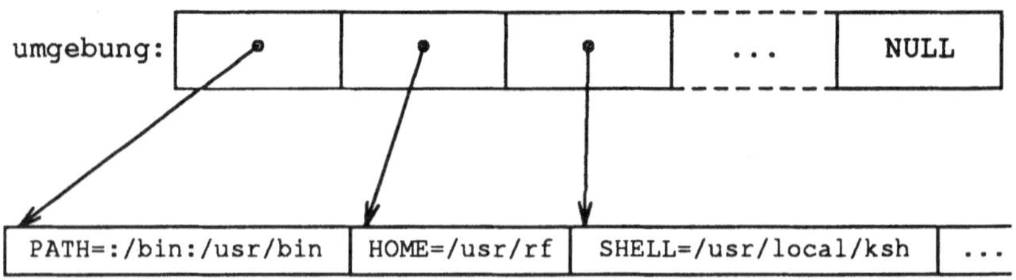

Abb. 31. Struktur der Umgebungsvariablen in C

Der Wert von *umgebung* ist auch über die Variable

```
extern char **environ
```

verfügbar. Dadurch können Unterprogramme ohne Umweg über das Haupt-
programm auf die Umgebung zugreifen.

In Abschnitt 2.1 sind einige Konventionen über die Gestaltung einer K-Schnittstelle beschrieben, die sich als sehr günstig erwiesen haben und der Einheitlichkeit
halber auch von Anwenderprogrammen eingehalten werden sollten. Dabei ist das
C-Unterprogramm *getopt* behilflich, das wie das gleichnamige Kommando (s. Abschnitt 2.1) arbeitet.

Ausgehende Schnittstellen. Um andere Programme zu starten, können C-Programme in UNIX das Unterprogramm *exec* aufrufen. Da dabei der neu entstehende Prozeß den alten ersetzt, muß dieser, wenn er erhalten bleiben soll, vorher durch *fork* verdoppelt werden. Ist der neue Prozeß eine *Shell*, und soll gewartet werden, bis diese ihren Auftrag beendet hat, so kann das Unterprogramm *system* verwendet werden.

Es gibt verschiedene Versionen von *exec*, die sich nach drei Gesichtspunkten unterscheiden:

a) Der Name des neuen Programms ist explizit gegeben oder soll gemäß der Suchpfadliste *PATH* gesucht werden (Endung p)

b) Die Parameter des neuen Prozesses werden einzeln aufgeführt (l) oder sind in einem Vektor (Typ *char***) enthalten (Endung v)

c) Die Aufrufumgebung (globale Systemvariablen) ist dieselbe wie im aufrufenden Prozeß (vgl. oben, `environ`), oder sie ist im letzten Parameter enthalten, der vom Typ *char*** ist (Endung e).

Mit den angegebenen Kennbuchstaben ergeben sich die Unterprogrammnamen

```
execl            execv
execle           execve
execlp           execvp
```

Die Kombination von p und e ist nicht vorgesehen. Der letzte Parameter muß, egal ob einzeln aufgeführt oder in einem Vektor, den Wert *NULL* haben; andere Parameter dürfen nicht *NULL* sein, wohl aber auf die leere Zeichenreihe (\0) zeigen.

Wie im vorigen Abschnitt erwähnt, gilt die Konvention, daß der erste Parameter den Namen des aufgerufenen Programms enthält. Abweichungen von dieser Konvention, die von *exec* nicht sichergestellt wird, können Fehler in der Programmfunktion zur Folge haben. Man vergleiche hierzu den Abschnitt über die *Shell* (3.1.3).

4.2 Behandlung der S-Schnittstelle

Die S-Schnittstelle wird in C auf niederer Ebene durch Ein/Ausgabe mittels der Unterprogramme *read* und *write* angesprochen. Viele Programme verwenden die gepufferte Ein/Ausgabe, die meist schneller ist und mehr Komfort bietet. Sie erlaubt das bequeme Lesen und Schreiben ganzer Zeilen (*gets, puts*) sowie formatgesteuertes Lesen und Schreiben mit *scanf* und *printf*.

Die Darstellung von Zeichenreihen in C als durch \0 abgeschlossene Byte-Ketten harmoniert sehr gut mit der Gliederung von S-Schnittstellen durch Feld- und Zeilentrenner. Die letzteren können nach dem Lesen der Information durch \0 ersetzt werden, wodurch die einzelnen Felder als C-Zeichenreihen abgeschlossen werden und damit durch Standardunterprogramme wie *strcpy* oder *strlen* behandelt werden können. In dieser Weise zerlegt das Unterprogramm *strtok* eine

Zeichenreihe *s1* nach Trennern, die im 2. Parameter *s2* angegeben sind, in Felder; die Originalinformation wird dabei also durch \0-Zeichen verändert.

   Die Zerlegung durch *strtok* ist kennzeichnend für die Verarbeitung zeilen- und feldweise strukturierter Datenströme und soll daher genauer erläutert werden. Als Beispiel dient dabei in Abbildung 32 eine Kommandozeile mit einem Aufruf von *ls*; sie wird beim ersten Aufruf von *strtok* als Parameter angegeben, zusammen mit den Trennern " \t", die auch in der Shell verwendet werden. Weitere Aufrufe verwenden als ersten Parameter *NULL*, um die Analyse der angefangenen Zeile fortzusetzen.

```
t = strtok(" ls -l \t-n p1.c\t\tp2.c", " \t");
while (t) {
        printf("'%s'\t", t);
        t = strtok(NULL, " \t");
}
Ergebnisse:
'ls'     '-l'     '-n'     'p1.c' 'p2.c'
```

Abb. 32. Zerlegung einer Zeichenreihe in Felder mit *strtok*

```
meier::218:70:Xaver Meier:/usr/wiss/meier:
```

	strtok	zerleg
1	meier	meier
2	218	ε
3	70	218
4	Xaver Meier	70
5	/usr/wiss/meier	Xaver Meier
6	–	/usr/wiss/meier
7	–	ε

Abb. 33. Beispiel für *strtok* und *zerleg*

Wie man sieht, faßt *strtok* mehrere aufeinanderfolgende Trenner zu einem zusammen, wie es auch die *Shell* tut. Damit ist allerdings die Angabe eines leeren Feldes nicht möglich, was in vielen Fällen einen großen Nachteil darstellt; auch die *Shell* erlaubt ja leere Parameter in der Form "" oder ''. Deshalb sind für fast alle UNIX-Programme (außer der *Shell* und dem Textformatierer *troff*, vgl. Abschnitt 5.1), die mit Feldtrennern arbeiten, mehrere Trenner hintereinander bedeutungsvoll. Zur Zerlegung solcher in Felder gegliederter S-Schnittstellen, wie etwa der Benutzerliste */etc/passwd*, ist *strtok* nicht geeignet; besser eignet sich das im Anhang B.3 aufgeführte Unterprogramm *zerleg*, das die gleiche Parameterversorgung wie *strtok* hat, aber nach *jedem* Trenner zurückkehrt und damit auch leere Felder zuläßt. Das Programm ist sehr einfach, da es (außer am Ende der Zeichenreihe) stets seinen ersten Parameter *s1* zurückgeben kann. Abbildung 33 erläutert anhand eines Beispiels mit einer Zeile aus */etc/passwd* die Wirkung mehrerer aufeinanderfolgender Aufrufe von *strtok* und *zerleg* (ε steht für die leere Zeichenreihe). Wie man sieht, ist es mit *strtok* nicht möglich, die leeren Felder für Paßworteintrag und *Shell* zu erkennen.

Weitere Beispiele für die Behandlung von Zeichenreihen in C liefert das Programm *look.c* im Anhang, Beispiel B.5.

4.3 Weitere Schnittstellen

4.3.1 N-Schnittstelle

Die N-Schnittstelle einer Datei (Dateiknoten, *inode*) läßt sich aus C-Programmen mit den Systemaufrufen *stat* und *fstat* abfragen. *stat* erwartet als Parameter einen Pfad im Dateibaum, *fstat* den programminternen Beschreiber einer bereits eröffneten Datei. Eine weitere Version, *lstat*, liefert Informationen über symbolische Dateiverweise *(links)*, die für *stat* transparent sind, also wie die Dateien aussehen, auf die verwiesen wird.

Die drei Routinen der *stat*-Familie liefern ihr Ergebnis in einer Struktur ab, die ebenfalls *stat* heißt. Tabelle 8 enthält die Namen der Strukturkomponenten und ihre Bedeutung.

Nur einige Komponenten des Dateiknotens lassen sich explizit ändern. Dazu dienen die Systemaufrufe *utime* (für Zugriffszeiten), *chmod* (für Zugriffsrechte) und *chown* für Eigentümer und Gruppe. Zu den beiden letzten Routinen gibt es Varianten *fchmod* bzw. *fchown*, die, genau wie *fstat*, auf Dateibeschreibern statt auf Pfadnamen aufsetzen.

Zur Erzeugung neuer Dateiknoten im Dateibaum gibt es den Aufruf *mknod*. Für den Normalbenutzer (nicht *root*) läßt er nur die Erzeugung von FIFOs (benannte *Pipes*) zu. Dateien und Dateiverzeichnisse müssen mit den Aufrufen *open* bzw. *mkdir* erzeugt werden, echte und symbolische Verweise mit *link* und *symlink*. Zum Löschen von Knoten gibt es die Aufrufe *unlink* und (für Verzeichnisse) *rmdir*.

4.3.2 T-Schnittstelle

Die T-Schnittstelle, also der Kontakt mit einem Sichtgerätetreiber, kann aus C-Programmen über den Systemaufruf *ioctl* angesprochen werden. Die Parameter für diesen Aufruf sehen jedoch in verschiedenen UNIX-Versionen sehr unterschiedlich aus. Für die häufige Aufgabe, die Zeilenpufferung der Tastatureingabe abzustellen (*cbreak*-Modus), sind die Aufrufe in einem BSD-System und einem System V in Abbildung 34 angegeben.

BSD

```
#include <stdio.h>
#include <sys/ioctl.h>
struct sgttyb cb;
ioctl(_IOREAD, TIOCGETP, &cb);      /* alten Zustand abfragen */
cb.sg_flags |= CBREAK;                      /* Modus CBREAK */
ioctl(_IOREAD, TIOCSETP, &cb);       /* neuen Zustand setzen */
```

System V

```
#include <stdio.h>
#include <sys/termio.h>
struct termio cb;
ioctl(_IOREAD, TCGETA, &cb);        /* alten Zustand abfragen */
cb.c_lflag = ISIG|ECHO;             /* nur Signale verarbeiten */
cb.c_cc[VEOF] = 1;                     /* nur 1 Zeichen puffern */
ioctl(_IOREAD, TCSETA, &cb);         /* neuen Zustand setzen */
```

Abb. 34. Setzen des *cbreak*-Modus in UNIX System V und BSD-UNIX

Ein etwas einheitlicherer Zugriff auf die T-Schnittstelle ergibt sich durch die Unterprogramm-Bibliothek *curses*, die auch die typ-unabhängige Ansteuerung besonderer Bildschirmfunktionen, wie Löschen oder Positionieren des Zeigers, erlaubt. In *curses* gibt es Routinen *cbreak* und *nocbreak*, die den *cbreak*-Modus ein- bzw. ausschalten. Teilweise heißen diese Routinen allerdings *crmode* und *nocrmode*.

Eine besonders einfache, allerdings aufwendige und langsame Methode zur Ansteuerung des Treibers ruft über das Unterprogramm *system* das Programm *stty* (vgl. Abschnitt 3.4.1) auf.

4.3.3 Unterbrechungssignale

Der Systemaufruf *kill(pid,sig)* schickt das Signal mit der Nummer *sig* an den Prozeß mit der Nummer *pid*. Die verschiedenen Signale sind in der Datei *<signal.h>* beschrieben. *kill* wird hauptsächlich verwendet, um Signale an Kind-Prozesse zu schicken; die Prozeßnummer des Kindes geht in diesem Fall aus dem Ergebnis des Aufrufs von *fork* hervor (vgl. Abschnitt 4.1).

Die Behandlung empfangener Signale kann durch Aufruf von *signal* festgelegt werden. Der erste Parameter ist die Signalnummer, der zweite ein Unterprogramm mit dem Ergebnis *void*. Es wird ausgeführt, sobald das betreffende Signal empfangen wird.

Wenn ein Signal verarbeitet ist, wird die Signalbehandlung wieder in den Grundzustand versetzt; das bedeutet normalerweise, daß das nächste Signal desselben Typs den Prozeß abbricht. Ist das nicht gewünscht, so muß in der Signalbehandlung erneut *signal* aufgerufen werden.

Signale kommen entweder von anderen Prozessen oder werden unter bestimmten Umständen vom Systemkern ausgelöst. Zum Beispiel erhält ein Prozeß, der auf eine *Pipe* schreibt, deren lesender Prozeß bereits beendet ist, automatisch das Signal *SIGPIPE*. Wird eine Rechensitzung beendet, so erhalten alle noch laufenden Prozesse das Signal *SIGHUP*. Kann ein Prozeß aufgrund eines technischen oder Programmierfehlers nicht normal fortgesetzt werden (Speicherschutzalarm, arithmetische Ausnahme, usw.), so erhält er ebenfalls ein entsprechendes Signal (*SIGSEGV*, *SIGFPE*, ...).

4.4 Präprozessoren: *yacc* und *lex*

In UNIX gibt es zur Programmiersprache C die zwei Präprozessoren *yacc* und *lex*, die die Formulierung syntaktischer Analyse- bzw. Zerteilprogramme auf einem höheren Niveau als dem von C gestatten.

Die beiden Programme erzeugen aus problemnahen Beschreibungen C-Programme zur Verarbeitung strukturierter Datenströme, unterstützen also die Bearbeitung der S-Schnittstelle. Dabei ist die Verarbeitung durch *lex* durchweg lokal, es werden im wesentlichen nur Zeichenfolgen zu Symbolen zusammengestellt. Dagegen führt *yacc* globale Umwandlungen durch und kann komplex aufgebaute Sprachen analysieren, deren Konstrukte durch Rekursion beliebig groß werden können, wie es für Klammer- und Blockstrukturen typisch ist. Genaue Beschreibungen finden sich bei Johnson (1975) bzw. Lesk (1975) und bei Schreiner (1985). Die nachfolgenden Beispiele können nur einen kleinen Vorgeschmack von den Fähigkeiten der Präprozessoren geben; dennoch mögen sie nützlich sein, um ihren Einsatzbereich abschätzen zu lernen.

4.4.1 *yacc*

yacc verarbeitet Beschreibungen von LALR(1)-Sprachen, in einer üblichen Produktionenschreibweise; zu jeder Produktion kann ein C-Programmstück angegeben werden, das bei Anwendung der Produktion ausgeführt wird. Linke und rechte Seite einer Produktion werden durch Doppelpunkt getrennt, Alternativen innerhalb einer Produktion durch einen senkrechten Strich. Symbole, die sich als Operatoren auffassen lassen, können eine Priorität erhalten; auch Assoziativität von links oder rechts läßt sich spezifizieren. *yacc* kann auch Sprachen mit

Klammerstrukturen analysieren und eignet sich zur Formulierung der syntaktischen Analyse von gebräuchlichen Programmiersprachen wie C oder Fortran. Das einfache Beispielprogramm aus Abbildung 35 akzeptiert Formelausdrücke und setzt sie in Postfixform um. Dabei kann ein Ausdruck eine Variable, eine Summe (+) oder ein Produkt (*) zweier Ausdrücke oder ein geklammerter Ausdruck sein. Variablennamen sind Buchstaben:

$$ausdruck ::= \quad variable$$
$$ausdruck * ausdruck$$
$$ausdruck + ausdruck$$
$$(ausdruck)$$

Die Übersetzung des erzeugten C-Programms *y.tab.c* erfolgt mit

```
cc y.tab.c -ly
```

```
%start ausdr                    /*  Suchziel der Analyse ist "ausdr"  */

%token VARIABLE                 /*  VARIABLE  ist nicht-terminales Symbol  */
%left '+'                       /*  '+'  und  '*'  sind linksassoziative...  */
%left '*'                       /*          ...nicht-terminale Symbole  */

%%                              /*  Es folgen die Produktionen ...  */
ausdr    : VARIABLE
         | ausdr '*' ausdr
               { printf ("* "); }
         | ausdr '+' ausdr
               { printf ("+ "); }
         | '(' ausdr ')'

%%                              /*  ... und ein C-Unterprogramm:  */
#include <stdio.h>
#include <ctype.h>

yylex()
{
        int c;
        while (isspace(c = getchar())) ;
        if (! isalpha(c)) return c;
        printf("%c ", c);
        return VARIABLE;
}
```

Abb. 35. Beispiel für ein *yacc*-Programm zur Analyse von Formelausdrücken und zur Umwandlung in Postfixform

Das Programm liest Symbole über die Prozedur *yylex()* und versucht, daraus eine Struktur der Form *ausdr* zu bilden. Während *yylex()* gelesene Buchstaben als „Variablen" erkennt und sofort druckt, werden die Operatoren + und * erst dann gedruckt, wenn sie als Teil eines Ausdrucks erkannt sind; dadurch ergibt sich in der Ausgabe die Postfix-Form.

yacc berücksichtigt auch die Prioritäten der Operatoren: Durch die Reihenfolge der *%left*-Anweisungen bindet * stärker als + („Punkt vor Strich"). Die Formel

$$a \ * \ (b+c) \ + \ x*y$$

wird so zu

$$a \ b \ c \ + \ * \ x \ y \ * \ +$$

Die Zerteilroutine *yylex* überliest Leerraum *(isspace)* und liefert für Buchstaben den Wert *VARIABLE*, für andere Zeichen das Zeichen selbst zurück. Sie läßt sich eleganter mit Hilfe des Präprozessors *lex* formulieren (s. u.).

Solche Sprachen, die klammerartige Strukturen enthalten können, lassen sich mit Textfiltern kaum bearbeiten, so daß Programmierung in C (oder einer anderen höheren Programmiersprache) nötig ist. Diese Programmierung wird durch *yacc* beträchtlich vereinfacht.

4.4.2 *lex*

lex verarbeitet Beschreibungen von Symbolklassen in Form von regulären Ausdrücken. Er erzeugt daraus ein C-Unterprogramm *yylex()*, das als lexikalischer Zerteiler für Syntax-Analysatoren dienen kann, die mit dem Programm *yacc* erzeugt worden sind. Die Symbolklassen, die erkannt werden sollen, werden durch reguläre Ausdrücke beschrieben. Bei jedem Ausdruck steht eine C-Anweisung oder ein Anweisungsblock, der ausgeführt wird, wenn ein passendes Symbol in der Eingabe gefunden wird. Ein Beispiel sind ganze Zahlen, die als Ziffernfolgen beschrieben werden und durch *atoi* in einen Zahlenwert umkodiert werden:

```
[0-9]+   { return atoi(yytext); }
```

```
%{
#define VARIABLE 300
%}
%%
[ \t\n]        { /* Leerraum überlesen */ }
[A-Za-z]       { printf ("%s ", yytext); return VARIABLE; }
.              { /* andere Zeichen */    return *yytext; }
```

Abb. 36. Zerteiler mit *lex* formuliert

Abbildung 36 zeigt, wie sich der Zerteiler aus dem letzten Beispiel mit *lex* formulieren läßt. Die Struktur des Programms entspricht genau der Problemstellung: Leerraum wird überlesen, Buchstaben sind Variablennamen, andere Zeichen sind Sonderzeichen und werden als Ergebnis abgeliefert.

Der willkürlich festgelegte Zahlenwert 300 für das Symbol *VARIABLE* muß auch im *yacc*-Programm vereinbart werden; das geschieht durch die Anweisung

```
%token VARIABLE 300
```

yacc kann solche Definitionen in C-Definitionen *(#define)* umsetzen und in eine Datei *y.tab.h* ausgeben, die *lex* dann unmittelbar verarbeiten kann.

Wenn für jede Symbolklasse, die ein *lex*-Zerteiler erkennt, nur der danebenstehende C-Block ausgeführt werden soll, läßt sich das Zerteiler-Unterprogramm auch aus einer Standardbibliothek aufrufen, wenn beim Übersetzen und Binden mit *cc* die Option „−*ll*" angegeben wird. Das erzeugte Programm führt dann zu jedem erkannten Symbol die angegebene C-Aktion aus und reicht den Rest der Eingabe unverändert an die Ausgabe durch. Ein einfaches Beispiel ist das Programm aus Abbildung 37, das aus seinem Eingabetext Zahlen und bestimmte Artikel heraussucht und das Wort „*Unix*" zu „*UNIX*" korrigiert.

```
%%
der|die|das        { printf("Artikel   %s\n", yytext); }
Unix               { printf("Wort      UNIX\n"); }
[A-Za-z]*          { printf("Wort      %s\n", yytext); }
[0-9]*             { printf("Zahl      %s\n", yytext); }
\ *                { /* Zwischenraum ignorieren */ }
```

```
Eingabe:    das System Unix
Ausgabe:    Artikel   das
            Wort      System
            Wort      UNIX
```

Abb. 37. Einfache Textanalyse mit *lex*

lex eignet sich schlecht zum Erkennen von Symbolklassen, die von einem Kontext abhängen, wie es z. B. in Fortran häufig der Fall ist. Wenn solche Sprachen mit *yacc* analysiert werden sollen, muß die lexikalische Zerteilroutine in C geschrieben werden.

5 Dokument-Erstellung

5.1 Troff

Das gesamte UNIX-Manual (Kernighan u. McIlroy 1978) ist mit dem Textformatierer *troff (type-setter run-off)* erstellt, der ursprünglich für das damals bei den *Bell Laboratories* verwendete Fotosatzgerät CAT entwickelt wurde. Auf anderen Anlagen konnte man nur die vereinfachte Version *nroff* verwenden, die Ausgabe für Bildschirmsichtgeräte oder einfache Drucker ohne Proportionalschrift und Sonderzeichen formatiert. Inzwischen ist aber eine geräte-unabhängige Version (*titroff = typesetter-independent troff* oder *ditroff = device-independent troff* genannt) verfügbar, die sich nicht nur für beliebige Fotosatzgeräte, sondern auch für elektronische Drucker auf Laser- oder LED-Basis und für Nadeldrucker eignet.

troff erhält als Eingabe den zu formatierenden Text und eingestreute Steueranweisungen, die Druckposition, Schriftart, Zeilen- und Seitenumbruch und ähnliches steuern. Es ist nicht besonders schwierig, einfache Texte zu formatieren; höhere typografische Ansprüche erfordern jedoch einige Übung, insbesondere wenn Pakete von vorgefertigten Makros verwendet werden. Es wird hier keine Bedienungsanleitung gegeben (eine sehr detaillierte Anleitung gibt Roddy (1987), weniger ausführliche Anleitungen finden sich bei Banahan (1984), Detering (1984), Bourne (1985)), sondern nur auf die Schnittstellen eingegangen, die dem Leser aber einen Überblick über die Möglichkeiten von *troff* geben.

5.1.1 Eingabe-Schnittstelle

Die Eingabesprache von *troff* hat ein eher niedriges, assembler-ähnliches Niveau. Obwohl es unterstützende Pakete von Makros sowie Präprozessoren für höhere Sprachen zur Beschreibung von Tabellen, Formeln und Grafiken gibt, ist die Bedienung nicht gerade einfach, und die Qualität der Ergebnisse erreicht nicht immer die modernerer Systeme wie TeX. *troff* wird jedoch für das meiste Dokumentationsmaterial in UNIX verwendet, und er bietet den Vorteil, daß für *troff* vorbereitete Dokumente mit dem Programm *nroff* auch auf Bildschirmsichtgeräten und einfachen Druckern oft noch in vernünftiger Qualität ausgegeben werden können. *nroff* verarbeitet die gleiche Eingabesprache wie *troff*, ist aber natürlich bei der Positionierung und im Zeichenvorrat stark eingeschränkt.

troff gehört zu den anreihenden Programmen; wie *cat* hängt er den Inhalt mehrerer angegebener Dateien hintereinander. Seine Eingabe (S-Schnittstelle) weist einige Besonderheiten auf:

a) Standardmäßig werden Zeilen *gefüllt* und *ausgeglichen*: Jede Zeile wird mit so vielen Wörtern wie möglich gefüllt und dann durch Spreizen der Zwischenräume auf einheitliche Länge gebracht. Soll die Struktur der Eingabezeilen erhalten bleiben, so läßt sich das Füllen mit dem Kommando *.nf* abschalten. Der Tabulator (ASCII 9) als Feldtrenner kann dann durch das Kommando *.ta* interpretiert werden, das Tabulatormarken für links- oder rechtsbündige (L/R) oder zentrierte (C) Ausrichtung setzt. Ein Beispiel zeigt Abbildung 38.

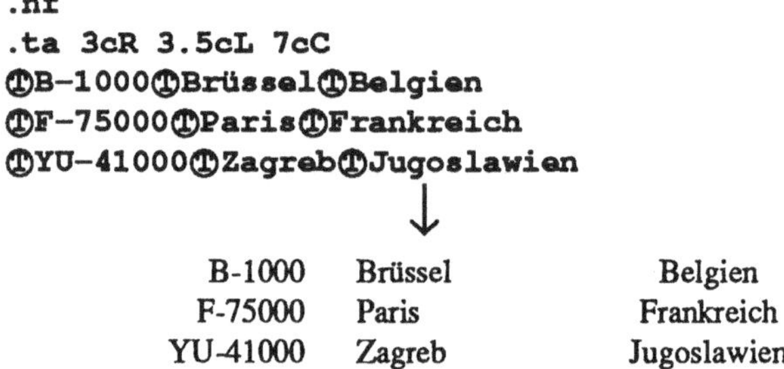

```
.nf
.ta 3cR 3.5cL 7cC
ⓉB-1000ⓉBrüsselⓉBelgien
ⓉF-75000ⓉParisⓉFrankreich
ⓉYU-41000ⓉZagrebⓉJugoslawien
```

B-1000	Brüssel	Belgien
F-75000	Paris	Frankreich
YU-41000	Zagreb	Jugoslawien

Abb. 38. Beispiel für Tabulatoren in *troff* (Tabulator dargestellt durch Ⓣ)

b) Der Abstrich \ hat eine Sonderfunktion: Zusammen mit dem/den folgenden Zeichen stellt er Befehle dar, bewirkt Einsetzungen von Variablen- und Registerwerten und erweitert den Zeichenvorrat. Die zusätzlichen Zeichen haben die Form \ (*xx* mit einem Namen *xx* aus zwei Zeichen. Alle griechischen Buchstaben haben Namen aus einem Stern und einem lateinischen Buchstaben. Beispiele zeigt Tabelle 18.

Tabelle 18. Beispiele für die Funktion des Abstrichs in *troff*

\ s*n*	Schriftgröße *n*	\ (!=	≠
\ f*t*	Schriftart *t*	\ (->	→
\ n*x*	Zahlenregister *x*	\ (*F	Φ
\ *x*	Textregister *x*	\ (*f	φ

c) Zeilen, die mit einem Punkt oder einem Apostroph beginnen, sind Steueranweisungen oder Aufrufe von benutzer-definierten Makros (vgl. Abschnitt 3.2.4). Ihre Aufrufschnittstelle ähnelt der S-Schnittstelle der *Shell*; Parameter

werden hinter dem Makronamen angegeben, wobei Leerzeichen Trenner sind, Gruppen von Trennern wie ein Trenner und Doppelapostrophe klammernd wirken. Auch der Parameterzugriff der Makros ist ähnlich wie bei *Shell*-Programmen; die Parameter heißen *\$1*, *\$2*,...
Diese Schnittstelle der Makro-Aufrufe ist sehr gut geeignet, um zu jedem Datensatz einer Liste ein bestimmtes Textstück aufzubereiten. Allerdings müssen gewöhnliche Trennerstrukturen umgesetzt werden: Leerzeichen sind Trenner, und wenn in den Feldern Leerzeichen auftreten können, müssen die Parameter in Doppelapostrophe eingeschlossen werden. Das kann das *sed*-Skript aus Abbildung 39 leisten (Original-Trenner sei der Doppelpunkt, das aufzurufende Makro heiße MA).

```
sed -e  's/^/.MA "/
        s/:/" "/g
        s/$/"/'
```

```
Feld1:Feld 2:    Feld Nr. 3
```
↓
```
.MA "Feld1" "Feld 2" "    Feld Nr. 3"
```

Abb. 39. Umwandlung eines Datensatzes in einen Makro-Aufruf für *troff*

```
.de ST                              \" Makrodefinition:
Zahlen Sie gegen diesen Scheck      \" Schecktext
\\$5 deutsche Mark **DM \\$3**      \"   mit Betrag,
an
.ie "\\$4"m" Herrn                  \" Anrede aus
.el .if "\\$4"w" Frau               \" Parameter 4
.el Herrn/Frau/Firma                \" bestimmen;
\\$2 \\$1                            \" Name
..                                  \" Ende
```

Abb. 40a. *troff*-Makro zum Ausfüllen von Schecks

Will man die Schecks des Beispiels B.1 im Anhang mit *troff* drucken, so könnte das durch das Makro *ST* (Scheck-Text) aus Abbildung 40a geschehen (die Zeichen \" leiten in *troff* einen Kommentar ein). Abbildung 40b zeigt ein Beispiel. Mit

```
.ST "Meier" "Barbara" "380,50" "w" "dreihundertachtzig"
```

```
Zahlen Sie gegen diesen Scheck
dreihundertachtzig deutsche Mark **DM 380,50**
an Frau Barbara Meier
```

Abb. 40b. Beispiel zum Scheck-Makro

den Positionieranweisungen von *troff* läßt sich der Text im Formular genau ausrichten.

5.1.2 Präprozessoren

Das Setzen von Formeln und Tabellen ist mit den primitiven *troff*-Anweisungen ziemlich mühsam; daher wurden die Präprozessoren *eqn* und *tbl* entwickelt, die es gestatten, solche Textstrukturen in einer benutzernäheren Sprache zu beschreiben, und aus dieser Beschreibung *troff*-Anweisungen erzeugen. Dazu werden sie meist durch eine *Pipe* mit *troff* verbunden:

```
tbl ... | eqn -r406 | troff ...
```

Weitere Präprozessoren sind *pic* und *ideal* zur Erstellung von Grafiken und *refer* zur Verwaltung von Literaturhinweisen. Allen ist gemeinsam, daß sie zwar die ganze *troff*-Texteingabe lesen, aber nur Teilbereiche davon bearbeiten, die besonders geklammert sind, und zwar durch Zeilen, die mit den folgenden Steueranweisungen beginnen:

	eqn	*tbl*	*pic*	*refer*	*ideal*
Anfang	.EQ	.TS	.PS	.[	.IS
Ende	.EN	.TE	.PE/.PF	.]	.IE/.IF

eqn: Der Präprozessor *eqn* erlaubt das Setzen von Formeln mit einer Eingabesprache, die weitgehend die inhaltliche Struktur der Formeln widerspiegelt und daher insbesondere bei umfangreichen Formeln und für Änderungen viel günstiger ist als eine am Aussehen der Formel orientierte Syntax. *eqn* ist hauptsächlich für mathematische Formeln gedacht, eignet sich aber bedingt auch für chemische Formeln.

Die Eingabe für *eqn* besitzt eine Blockstruktur (aufgebaut mit den geschweiften Klammern { }) und ähnelt damit in der Syntax höheren Programmiersprachen. Textstücke und Schlüsselwörter, die besondere typografische Konstruktionen bezeichnen, können einfach nebeneinander stehen oder werden durch Operatoren verbunden, die ihre Lage zueinander angeben. Die Beispiele aus Tabelle 19 erläutern das. Die Fähigkeiten von *eqn* gehen aber viel weiter, als einige Beispiele zeigen können; so lassen sich auch Vektoren und Matrizen setzen sowie Gleichungen untereinander ausrichten. Die Formeln werden jedoch inhaltlich nicht inter-

Tabelle 19. Beispiele zu *eqn*

Eingabe	Ausgabe	
`alpha beta GAMMA mu`	$\alpha\beta\Gamma\mu$	Griechische Buchstaben haben englische Namen
`x -> inf`	$x \rightarrow \infty$	`->` steht für $\rightarrow$, `inf` für ∞...
`a sub { i k } sup 2`	a_{ik}^2	`sub`/`sup`: untere/obere Indizes
`sum from { i = 1 }` `   to N  i`	$\sum_{i=1}^{N} i$	`from`: unter das vorhergehende `to`: über das vorhergehende
`x bar ~~ y dot`	$\bar{x}\ \dot{y}$	Markierungen; `~` = Abstand
`{ a - b } over` `   { c - d }`	$\dfrac{a-b}{c-d}$	Brüche

pretiert, und ein automatisches Einsetzen von Abständen, wie es T_EX bei Operatoren vornimmt, findet nicht statt; Abstand muß explizit durch Eingabe von ^ (schmaler Abstand) und ~ (Wortabstand) eingesetzt werden.

eqn-Eingabe wird fast immer direkt vom Benutzer mit einem Editor erzeugt. Dagegen besitzt die Eingabe von *tbl* eine einheitliche Zeilenstruktur und kann gut von anderen Werkzeugen erzeugt werden, wenn viele gleichartige Datensätze in einer ordentlichen Tabelle dargestellt werden sollen.

tbl stellt Textfelder zu ordentlichen Tabellen zusammen, bestimmt dabei die notwendigen Spaltenbreiten und sorgt für saubere Ausrichtung. Er verarbeitet Tabellenbeschreibungen, die durch Optionen und Zeilenformate eingeleitet werden und durch die Makro-Aufrufe „`.TS`" und „`.TE`" geklammert sind (vgl. Abbildung 41).

```
.TS
Option [ , Option ... ] ;
Formate .
1. Zeile
2. Zeile
...
.TE
```

Abb. 41. Syntax einer Tabellenbeschreibung für *tbl*

Die Tabellenzeilen sind durch Trenner in Felder unterteilt, die von *tbl* untereinander ausgerichtet werden. Standardwert ist der Tabulator, mit der Option `tab(x)` kann ein anderes Zeichen x festgelegt werden. Weitere Optionen gehen

Tabelle 20. Optionen für *tbl*

`center`	Tabelle zentrieren
`expand`	Tabelle auf Zeilenbreite spreizen
`box`	Tabelle umrahmen
`doublebox`	Tabelle doppelt umrahmen
`allbox`	jeden Tabelleneintrag umrahmen
`tab(x)`	x ist Trennzeichen statt Tabulator
`linesize(n)`	Linien in Schriftgröße n
`delim(xy)`	x und y sind Begrenzer für einen nachfolgenden Aufruf von *eqn*

```
.TS
box,tab(#);
c    s
lfC | l .
Tabelle 20: Optionen für tbl
=
center#Tabelle zentrieren
expand#Tabelle auf Zeilenbreite spreizen
...
```

Abb. 42. Quelltext für Tabelle A.8 (Anfang) und Ergebnis

aus Tabelle 20 hervor. Den Anfang der *tbl*-Eingabe für diese Tabelle zeigt Abbildung 42.

Für jede Tabellenspalte muß ein *Formatzeichen* angegeben werden, das z. B. einen zentrierten (c), linksbündigen (l), rechtsbündigen (r) oder aus der vorigen Spalte fortgesetzten (s) Eintrag bewirkt. Zusatzangaben beeinflussen Spaltenabstand (Zahl), Schrifttyp (f) und -größe (p). Jeder Formatzeile entspricht eine Tabellenzeile; gibt es mehr Tabellen- als Formatzeilen, so wird die letzte Formatzeile wiederholt. Genauere Informationen finden sich bei Lesk (1976) und Bourne (1985).

Auch der Formatteil einer Tabellenbeschreibung kann automatisch erzeugt werden. Das ist besonders dann von Nutzen, wenn Zeilen aus mehreren gleichartigen Einträgen bestehen, deren Zahl vorher nicht bekannt ist. *tbl* kennt nämlich keinen automatischen Wiederholungsmechanismus für Formate *innerhalb* einer Zeile. Die nötige Anzahl von Formaten kann dann mit einem Werkzeug generiert werden, das einen Wiederholmechanismus besitzt, etwa die *Shell* oder *awk*.

Grafische Fähigkeiten und Präprozessoren: *troff* verfügt in seiner geräteunabhängigen Form über Anweisungen zum Zeichnen von geraden Linien in beliebigen Richtungen, von Kreisen, Kreisbögen, Ellipsen und quadratischen Spline-Kurven. Das Programm kann damit auch gut als grafisches Hinterende einer Programmkette dienen und für die bildliche Darstellung eine einheitliche, geräteunabhängige Schnittstelle bieten.

Tabelle 21. Grafische Befehle in *troff*

`\D'l x y'`	Gerade Linie relativ um *x,y*
`\D'c r'`	Kreis mit Radius *r*
`\D'e a b'`	Ellipse mit Halbachsen *a* und *b*
`\D'a cx cy dx dy'`	Kreisbogen; Mittelpunkt bei *cx, cy*
	Ziel bei *dx, dy* (relativ zum Ausgangspunkt)
`\D'~ ...'`	Kurve aus quadratischen Splines

Tabelle 21 zeigt die grafischen Befehle von *troff*. Sie orientieren sich an kartesischen Koordinaten; bei Maßangaben können alle in *troff* üblichen Einheiten wie Zentimeter (c), Zoll (i) oder Zeilenabstände (v) verwendet werden. Die vertikale Achse zeigt nach unten.

```
.PS
define transistor ' [
    KM: circle rad 0.4                  # Kreis (Mittelpunkt)
        box wid 0.02 ht 0.5 at KM
    BA: KM - 0.7,0                      # Basisanschluß
    EM: KM + 0.5,-0.5                   # Emitteranschluß
    KO: KM + 0.5,0.5                    # Kollektoranschluß
        arrow from KM \                 # Emitterpfeil
            to 0.4 between KM and EM
        line from KM to KO              # Striche
        line from KM to EM              # zu den
        line from KM to BA              # Anschlüssen
    ] '
define widerstand ' [
    W: box wid 0.2 ht 0.5 $1            # Kasten, Text $1
        line from W.n up 0.2            # mit zwei
        line from W.s down 0.2          # Anschlüssen
    ] '
T1: transistor                         # Transistor T1
T2: transistor with .BA at T1.KO       # T2, Basis an Kollektor
widerstand("R") with .s at T1.KO       # Widerstand R
.PE
```

Abb. 43a. Elektronischer Schaltplan mit *pic*

Da die Grafik-Anweisungen etwas unhandlich in der Verwendung sind, gibt es zwei Präprozessoren *pic* und *ideal*, die je eine höhere Grafik-Beschreibungssprache auf die *troff*-Anweisungen umsetzen. Für den menschlichen Benutzer sind diese Werkzeuge eine große Hilfe. Wenn die grafischen Anweisungen von Programmen erzeugt werden, ist es häufig vorzuziehen, die Anweisungen direkt in der für *troff* geeigneten Syntax zu erzeugen; soll die Schnittstelle jedoch lesbar bleiben, so kann sich auch hier die Verwendung eines Präprozessors empfehlen.

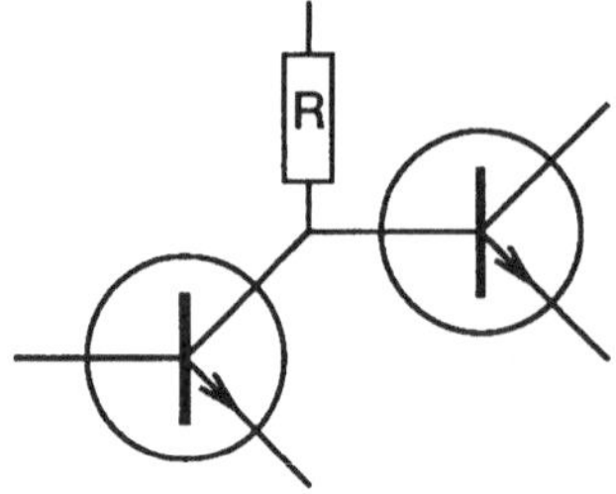

Abb. 43b. Ergebnis des *pic*-Programms aus Abb. 43a

pic orientiert sich an einem kartesischen Koordinatensystem und verfügt über einen Makro-Mechanismus, der zur Strukturierung von Beschreibungen und zur Definition benutzernaher Schnittstellen gut geeignet ist. Makro-Parameter werden wie in der *Shell* durch ein $-Zeichen und die Nummer ihrer Position angesprochen. Beim Zeichnen von Schaltbildern kann man etwa Makros für wichtige Schaltsymbole vereinbaren; *pic* unterstützt dann beim paßgenauen Verbinden. Ein Beispiel gibt Abbildung 43, die eine einfache Methode zum Zusammenfügen von Symbolen für elektronische Bauelemente vorführt.

refer ist ein Präprozessor, der Literaturverweise in Dokumenten formatiert. Dabei lassen sich durch Angabe einiger Schlüsselwörter komplette Verweise erzeugen, wenn die betreffenden Werke in einer Liste enthalten sind. Eine Liste wichtiger UNIX-Werke ist vielfach unter */usr/dict/papers* verfügbar; es lassen sich aber auch leicht eigene Listen herstellen. Das Format dieser Listen stellt eine wichtige Standardschnittstelle dar. Es besteht aus Zeilen, die durch ein Prozentzeichen (%) und einen Kennbuchstaben eingeleitet werden, der die Art der Zeile spezifiziert. Der Rest der Zeile und auch Folgezeilen ohne % enthalten dann die eigentliche Information. Leerzeilen trennen verschiedene Bücher und Artikel. Die wichtigsten Zeilentypen zeigt Tabelle 22.

Der Listeneintrag aus Abbildung 44 ermöglicht dann bei Verwendung eines geeigneten Makropakets (z. B. *MS*) Kurzzitate durch wenige Schlüsselwörter, die zu Fußnoten oder Literaturlisten formatiert werden. Die Schlüsselwörter müssen das zitierte Werk eindeutig identifizieren. Wie man sieht, empfiehlt es sich, Namen mit Umlauten in der transskribierten Form (ä→ae usw.) als %*K*-Schlüssel zu wiederholen, da Sonderzeichen wie Umlaute in Suchschlüsseln nicht berücksichtigt werden.

refer besitzt eine Menge Aufrufoptionen. Zum Beispiel faßt die Option −*e* alle Verweise zu einer Liste am Ende des Textes zusammen. In diesem Fall ist zu beachten, daß *refer* nicht mehr lokal arbeiten kann, wenn die zitierten Werke alphabetisch nach Autoren durchnumeriert werden sollen: Der ganze Text muß gelesen und nach Zitaten durchsucht werden, bevor die erste Nummer feststeht. Daher legt *refer* hier Hilfsdateien an. Der Aufwand lohnt sich trotzdem gerade in

Tabelle 22. Zeilentypen bei *refer*

%T	Titel des Werks
%A	Autor (mehrere %A-Zeilen möglich)
%I	Verlag
%C	Erscheinungort
%D	Datum
%J	Zeitschrift (bei Artikeln)
%E	Herausgeber (bei Sammelwerken)
%P	Seitennummern
%O	Zusatzangaben (werden gedruckt)
%K	zusätzliche Schlüsselwörter (werden nicht gedruckt)

```
%T Algorithmische Sprache und Programmentwicklung
%A F.L. Bauer
%A H. W\(o:ssner
%I Springer-Verlag
%D 1981
%C Berlin
%K Woessner
```

```
.[
Bauer Woessner 1981    →
.]
```
Bauer, F.L., Wössner, H.: Algorithmische Sprache und Programmentwicklung, Springer-Verlag, Berlin, 1981

Abb. 44. Ein Beispiel bibliografischer Angaben für *refer*

diesem Fall, wo das spätere Einfügen eines weiteren Zitats, das alle Nummern verschiebt, sonst sehr umständlich ist.

Das Format der Literaturlisten läßt sich durch die Kennzeichnung der Zeilentypen sehr gut mit Werkzeugen wie *sed* und *awk* bearbeiten, wenn z. B. Teillisten zusammengestellt werden sollen. Das *awk*-Programm in Abbildung 45 stellt eine Liste aller Autoren zusammen, die zum Thema UNIX geschrieben haben: Durch `RS=""` werden Leerzeilen als Satztrenner und durch `FS="\n"` Zeilenenden als Feldtrenner festgelegt, so daß alle Angaben zu einem Buch im selben Datensatz stehen. Ist dann das Muster *UNIX* gefunden, so brauchen nur noch die %A-Zeilen gesucht zu werden.

Da *refer* seine Literaturlisten für jedes Zitat vollständig durchsuchen muß, fertigt es mit Hilfe des Programms *mkey* einen Index aller Schlüssel in einer Liste an, zu denen die Lage der Daten in der Originalliste vermerkt sind. Dadurch kann der eigentliche Zugriff auf die Liste ohne sequentielles Lesen erfolgen. Im Dialog läßt sich eine Literatur-Datenbank für *refer* mit dem Kommando *lookbib* abfragen; zu den als Parameter angegebenen Schlüsselwörtern werden alle zutreffenden Werke ausgegeben.

```
BEGIN            { RS=""; FS="\n"}
/UNIX|unix/      {
                 for (i=1; i <= NF; i++)
                       if ($i ~ /^%A/) print $i
                 }
```

Abb. 45. *awk*-Programm zum Durchsuchen einer Literaturdatenbank nach dem Thema „UNIX"

5.1.3 Ausgabe-Schnittstelle

Damit das Programm *troff* von Eigenheiten des verwendeten Ausgabegerätes (Drucker, Plotter, Mikrofilm,...) möglichst abgeschirmt ist, erfolgt die Ausgabe in einer geräteunabhängigen Sprache, die von einem Nachbearbeiter in Steueranweisungen für das Gerät umgesetzt werden muß. Diese Ausgabesprache ist streng zeilenorientiert; das erste Zeichen jeder Zeile gibt den Typ der Information in der Zeile an. Beispiele zeigt Abbildung 46.

	Information	Beispiel
H	absolute Horizontalposition	H359
s	Schriftgröße	s12
f	Schriftart	fR
p	neue Seite, mit Nummer	p28
#	Kommentar	# Version 3.8

Abb. 46. Beispiele der Ausgabesprache von *troff*

Obwohl diese Schnittstelle gewöhnlich nur *troff* und seine Nachbearbeiter betrifft, bietet sie darüber hinaus einige nützliche Möglichkeiten, angefangen damit, daß Zeilen bestimmten Typs mit dem Kommando *grep* gesucht werden können; somit gibt das Kommando

```
grep -c "^p" ...
```

die Gesamtzahl der erzeugten Seiten aus. Weiterhin lassen sich Kommentarzeilen durch vorangestelltes \! unverändert durch *troff* in die Ausgabe durchreichen. Man kann damit z. B. mehrere Ausgabeströme simulieren (*troff* kann nur auf den Standard- und den Fehlerkanal ausgeben), die mit *grep* getrennt werden können, etwa für ein Sach- oder Personenregister (s. Abbildung 47). Auch Querverweise innerhalb von Dokumenten lassen sich auf diese Weise automatisch verwalten, wobei der Makro-Prozessor *m4* gute Dienste leisten kann (s. u. und Beispiel B.7 im Anhang). Damit ist die Ausgabeschnittstelle von *troff* ein gutes Beispiel, daß sich durch gute Strukturierung Flexibilität gewinnen und fehlende Funktionalität, wie in diesem Fall die Ausgabe auf mehrere Kanäle, ersetzen läßt.

```
      troff-Eingabe (\n% = Seitennummer)
\!#SREG TeX \n%
\!#PREG Knuth \n%
\!#M4 define(abb_refer,44)
...
              Bearbeitung
grep "^#SREG" ... >sachregister
grep "^#PREG" ... >persregister
grep "^#M4"   ... >marken
```

Abb. 47. Nutzung von Kommentaren in *troff*-Ausgabe; Angaben für Sach- und Personenverzeichnis sowie Marken werden als Kommentare in die Ausgabe eingestreut, von wo sie mit dem Kommando *grep* extrahiert werden können. (Register \n% enthält die Seitennummer.)

5.2 Weitere Werkzeuge

Unterstützung von *troff*. Da die meisten UNIX-Werkzeuge Texte als Ein- und Ausgabe haben, eignen sie sich grundsätzlich auch als Hilfsmittel bei der Dokumentenerstellung. Häufig wird man Programme wie *sort* oder *awk* einsetzen, um Teile eines Dokuments sortieren oder automatisch erstellen zu lassen. Wie oben erläutert, kann man solche Textstücke gut mit *troff* oder *tbl* weiterverarbeiten.

Da der Makro-Mechanismus von *troff* Schwächen hat (Namen aus nur zwei Zeichen, Ersetzung nur im Kontext des Zeilenanfangs bzw. nach „*"), läßt sich die Eingabe häufig unter Verwendung eines externen Makro-Expandierers wie *m4* übersichtlicher gestalten. *m4* kann z. B. Abkürzungen für häufig in einem Text vorkommende lange Wörter definieren, umständlich zu tippende Sonderzeichen oder Trennfugen in Wörter einsetzen, abhängig von globalen Bedingungen mehrere Textversionen erzeugen oder Marken für den Makro-Prozessor *m4* erzeugen (vgl. Abbildung 47):

```
define(DDK, `Donaudampfschiffahrtsgesellschaftskapit\(a:n')dnl
define(telematique, t\z\(aae\z\(aaematique)dnl
define(Tippfehler,Tipp\%fehler)dnl
Die Unternehmenslage ist ifelse(VERSION,INTERN,ernst,erfreulich).
define(abb_refer,44)dnl
```

troff und seine Präprozessoren können zwar mehrere Eingabedateien nacheinander bearbeiten; *troff* kann auch durch das Kommando *.so <datei>* eine Datei einschieben. Es ist jedoch nicht möglich, aus *troff* ein Kommando zu starten und seine Ausgabe mittels einer *Pipe* einzufügen. Wenn das gewünscht wird, müssen die in Abschnitt 2.4.5 (Datenfluß) beschriebenen Techniken verwendet werden; das Einfügen ist dann nur zwischen zwei Eingabedateien möglich, nicht wie bei „*.so*" auch innerhalb einer Datei.

Abbildung 48 zeigt ein Beispiel: Mit Hilfe des Kommandos *acctcom* soll eine Statistik über den Gebrauch von *tbl* und *eqn* gedruckt werden. Text, der davor, dazwischen und danach stehen soll, befindet sich in den Dateien *vor.t*, *zwi.t* bzw. *nach.t*.

```
mknod tbl_pipe p
mknod eqn_pipe p
acctcom -n tbl >tbl_pipe &
acctcom -n eqn >eqn_pipe &
troff ... vor.t tbl_pipe zwi.t eqn_pipe nach.t
```

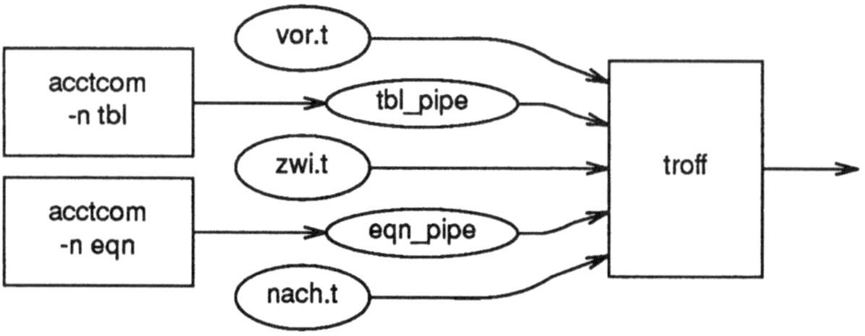

Abb. 48. Einfügen von berechneten Werten in einen gegebenen Text

Da die fünf Eingabeströme hier einfach verkettet werden, wäre auch eine Konstruktion mit *{}* möglich, die allerdings drei zusätzliche Aufrufe von *cat* erfordert:

```
{ cat vor.t; acctcom -n tbl ; cat zwi.t
        acctcom -n eqn ; cat nach.t ; } | troff ...
```

Wie im Abschnitt 5.1.3 erwähnt, läßt sich auch die Ausgabe von *troff* mit Standardwerkzeugen bearbeiten. Aufgrund der Zeilenstruktur eignen sich dazu besonders die Programme *grep* und *awk*.

Textaufbereitung ohne *troff*: In vielen Fällen ist die Qualität der *troff*-Ausgabe nicht erforderlich oder gar nicht nutzbar. So sollen z. B. Texte zum Verschicken mit elektronischen Postsystemen meist nur auf eine akzeptable Zeilenlänge gebracht werden (durch Füllen oder Teilen von Zeilen). *nroff* ist dazu zwar geeignet, aber eigentlich zu aufwendig. Außerdem müßte nicht nur die Interpretation des Fluchtsymbols \ mit dem Kommando .eo abgeschaltet werden; vor allem müßte als Einleitungszeichen für Steuerzeilen (gewöhnlich der Punkt) ein möglichst ausgefallenes Zeichen gewählt werden. Der Steuerzeilen-Mechanismus läßt sich nämlich nicht abschalten, weil man ihn ja sonst nicht wieder einschalten könnte.

```
{       for (i=1; i <= NF; i++) {              # Bei jedem Wort
            l += length($i)+1                  # Zeilenlänge erhöhen
            if (l < 80) printf " %s", $i       # prüfen, ob's Platz hat
            else {
                printf "\n%s", $i              # sonst neue Zeile
                l = length($i)
            }
        }
}
END     { print }                              # und am Schluß auch
```

Abb. 49. *awk*-Programm zum Füllen von Zeilen

Ein kleines *awk*-Programm (s. Abbildung 49) kann das Problem des Zeilenfüllens ohne *nroff* lösen. Die Länge der aktuellen Zeile wird in einer Variablen l berechnet; bei Überlauf wird die Zeile gebrochen.

Für das Schreiben von Texten mit begrenzter Zeilenlänge ist die Option *wm (wrap margin)* des Texteditors *vi* nützlich, die automatisch eine neue Zeile beginnt, sobald in der laufenden weniger Spalten als die eingestellte Zahl verbleiben (bis zum rechten Rand). Wenn in einem Text allerdings durch Änderungen zu lange Zeilen entstehen, kann *vi* sie nicht automatisch unterteilen.

In BSD-UNIX existiert das Kommando *fmt*, das genau das beschriebene Füllen und Teilen von Zeilen durchführt. Es geht von einer gewünschten Zeilenlänge von 72 Spalten aus, die aber (nicht dokumentiert) durch die Angabe −*n* beim Aufruf auf einen beliebigen Wert *n* geändert werden kann. *fmt* wird oft aus dem Editor *vi* heraus aufgerufen, um Teile einer Datei, etwa einzelne Absätze, zu bearbeiten. Das Kommando läßt Leerzeilen und mit Punkt beginnende Zeilen (*troff*-Kommandos) unberührt.

T$_{\mathrm{E}}$X: Das Formatierprogramm T$_{\mathrm{E}}$X gehört nicht zum Lieferumfang von UNIX; es ist aber für viele Installationen leicht erhältlich. Für das Zusammenwirken mit anderen UNIX-Programmen ist es etwas hinderlich, daß T$_{\mathrm{E}}$X nicht als Filter arbeiten kann, da es den Namen der Eingabedatei benötigt, um daraus Namen für Hilfsdateien zu bilden. Mit dem Kommando *make* läßt sich aber meist doch eine Zusammenarbeit mit anderen Programmen, z. B. eine Vorverarbeitung oder die automatische Erzeugung von Teilen der Eingabe, organisieren. Dazu muß das Zwischenergebnis in einer Datei (mit der Endung *.tex*) abgelegt werden, die T$_{\mathrm{E}}$X dann bearbeiten kann.

6 NLS — Verschiedensprachliche Datenverarbeitung

Das UNIX-System und die meisten seiner Standardprogramme sind sprachlich auf nordamerikanisches Englisch eingestellt. Das betrifft sowohl die Dialogtexte und Fehlermeldungen als auch die Hilfsmittel zur Dokumenterstellung und den Zeichenvorrat, der sprachabhängige Sonderzeichen (z. B. Umlaute) nicht enthält.

Daher hat die X/OPEN-Gruppe in ihrem *portability guide* (1987) das System *NLS* (Native Language Support) zur „muttersprachlichen" Datenverarbeitung vorgeschlagen. NLS wurde von Hewlett-Packard entwickelt; es ist noch nicht überall verbreitet und vor allem nicht einheitlich implementiert. Da es jedoch einen gut durchdachten — und derzeit den einzigen — Weg zu einer sprachlich anpassungsfähigen Programmierumgebung darstellt, ist seine Verbreitung wohl nur eine Frage der Zeit, auch wenn die Österreichische UNIX-Benutzergruppe UUGA in ihrem Band „UNIX FORUM III – 87" (Kühn 1987) die Freudsche Fehlleistung beging, NLS mit „*Negative* Language Support" zu bezeichnen. (Der Fehler wurde durch Überkleben korrigiert.)

NLS unterstützt Mehrsprachigkeit vor allem durch folgende Konzepte:
1. erweiterte Zeichensätze
2. Tabellen für unterschiedliche Arten der alphabetischen Sortierung sowie für die Entsprechung zwischen Groß- und Kleinbuchstaben
3. mehrsprachige Kataloge von Texten, aus denen Programme ihre Meldungen und Dialogtexte entnehmen.

6.1 Organisation

In einem UNIX-System mit NLS-Unterstützung werten bestimmte Programme eine *Shell*-Variable *LANG* (*language*) aus, die die vom Benutzer gewünschte Sprache angibt. *LANG* kann drei Komponenten haben, die durch „_" bzw. „." getrennt sind. Die erste Komponente bezeichnet die Sprache, die zweite ein Sprachgebiet innerhalb dieser Sprache, die dritte den verwendeten Zeichensatz. Eine neuere Version (s. Leut 1990) verwendet die genormten Abkürzungen für Sprachen nach ISO 639 (DIN 2335, Sprachenzeichen, bei Bedarf kombiniert mit Länderzeichen nach DIN 3166), die im Gebrauch bequemer und durch die Normung vor Systemabhängigkeiten sicher sein dürften. Tabelle 23 führt einige Beispiele auf.

Tabelle 23. Beispiel für *LANG*

de	german	Deutsch
en	english	Britisches Englisch
en_US	american	Amerikanisches Englisch
eo	esperanto	Esperanto
fr	french	Französisch
fr_CH	french_swiss.6937	Schweizer Französisch, Zeichensatz ISO 6937

```
date
Thu Dec 17 12:00:00 MET 1987
LANG=german; export LANG
date
Do., 17. Dez. 1987 12:00:08 MEZ
```

Abb. 50. Das Kommando *date* unter NLS

Nach *LANG* richten sich dann die verwendeten Zeichensätze, die Meldungs-kataloge, die Sortier-Reihenfolge und einige Besonderheiten wie die Form des Datums. Ein Beispiel gibt Abbildung 50.
Damit NLS-Programme auch in einer Sprachumgebung lauffähig sind, für die sie nicht angepaßt wurden, gibt es für *LANG* im allgemeinen eine Voreinstellung, z. B. *n–computer* (*native-computer*), die jeweils für die Sprache steht, für die das Programm ursprünglich entwickelt wurde — sozusagen die Muttersprache des Programms.

Tabelle 24. Werkzeuge mit NLS-Unterstützung

Dateisystem-Werkzeuge			
cd *(sh)*	find	mkdir	rmdir
cp	ln	mv	sh
cpio	ls	rmdir	
Text-Filter			
cat	expr	sed	wc
echo	grep	sort	
ed/red	pr	tr	

6.2 Unterstützte Programme

Der NLS-Vorschlag sieht eine Reihe wichtiger UNIX-Programme vor, die auf
jeden Fall die muttersprachliche Verarbeitung unterstützen müssen. Dazu gehören
die Programme zur Verwaltung des Dateisystems die Dateinamen mit Sonderzeichen verarbeiten. Weiter gehören dazu die *Bourne-Shell sh* und einige Werkzeuge zur Bearbeitung der S-Schnittstelle. Tabelle 24 stellt sie zusammen.
Selbstverständlich können in einzelnen Implementierungen auch weitere Programme die 8-Bit-Verarbeitung unterstützen.

Von besonderer Bedeutung ist dabei, daß *sort* verschiedene sprachabhängige
Sortierweisen unterstützt (s. u.).

Der C-Kompilierer *cc* gestattet in NLS die Verwendung von 8-Bit-Zeichen in
Zeichenreihen, so daß mehrsprachige Texte in eigene Programme eingebaut werden können. Dazu kann die bekannte Oktalschreibweise ($\backslash ooo$, vgl. Abschnitt
2.4.2) verwendet werden.

6.3 Zeichensätze

NLS sieht die Verwendung von 8-Bit- oder sogar 16-Bit-Codes vor, damit mehr
Zeichen als im 7-Bit-Code dargestellt werden können. Der zur hauptsächlichen
Verwendung vorgeschlagene Code ist die nach DIN 66303 (ISO 8859/1) genormte
Ein-Byte-Version (ARV8) des 8-Bit-Codes, dargestellt in Tabelle A.1 im Anhang.
Gegenüber der Mehrbyte-Version (MBV8, ISO 6937) bietet er den Vorteil, daß
jedem Byte genau ein Zeichen entspricht, was die Programmierung oft etwas ver-
einfacht. Dafür ist der darstellbare Zeichenvorrat viel kleiner als der des Mehr-
byte-Codes; er deckt nur die größeren westeuropäischen Sprachen ab. Für andere
Sprachen sind daher weitere Versionen von ISO 8859 vorgesehen.

Im Mehrbyte-Code MBV8 können 15 diakritische Zeichen mit Buchstaben
kombiniert werden, so daß neue Zeichen entstehen; z. B. wird Ä durch die Code-
Folge *\310A* dargestellt. Das Zeichen *\310* (oktale Code-Nummer 310) kann man
sich als „¨" ohne Vorwärtsbewegung der Druckposition vorstellen; für die Darstellung des Zeichens bilden die zwei Bytes jedoch eine Einheit, so daß Überzeichen
wie „¨" zentriert und in der richtigen Höhe dargestellt werden. Durch diese Technik belegen Zeichen wie Ä oder Å keine eigene Code-Position. In MBV8 lassen
sich so die Zeichen sehr vieler Sprachen mit lateinischem Alphabet darstellen; er
eignet sich daher für elektronische Postsysteme und wird in der Schnittstelle
X.400 verwendet.

In HP-UX, der UNIX-Version von Hewlett-Packard, wird nicht ARV8, sondern
der HP-eigene Code *roman 8* verwendet.

Die Verwendung von 8-Bit-Codes hat einige Konsequenzen für die Arbeit:

1. Das achte Bit eines Textzeichens ist nicht mehr für eine textfremde Verwendung frei. Programme, die in NLS-Umgebung laufen sollen, dürfen dieses Bit nicht zweckentfremden.
2. Drei Viertel aller Bit-Kombinationen eines Bytes sind jetzt druckbare Zeichen. Daher ist eine Unterscheidung zwischen Text- und Binärinformation nur anhand der vorkommenden Byte-Werte sehr unsicher. Das Kommando *strings* (nicht in System V), das nach Ketten von druckbaren Zeichen sucht, erkennt üblicherweise nur die Zeichen des 7-Bit-Codes an.

6.4 Sortierung und Großschreibung

Sprachen, die außer den 26 Buchstaben des lateinischen Alphabets noch weitere verwenden, müssen eigene Regeln zur alphabetischen Ordnung haben. Im Deutschen gibt es sogar zwei unterschiedliche Regelungen:
- In Lexika und Wörterbüchern werden Umlaute wie der Grundvokal (aou) eingeordnet. Bei sonst völliger Gleichheit von Wörtern steht das Wort mit Umlaut nach dem ohne Umlaut („wägen" nach „wagen").
- In Telefon- und Adreßbüchern, wo dem Benutzer oft die genaue Schreibung eines Namens nicht bekannt ist, werden Umlaute wie ae/oe/ue eingeordnet.
Der Buchstabe „ß" wird stets wie „ss" eingeordnet.

1. Sortierweise		2.Sortierweise	
geordnet	als	geordnet	als
Wade	wade	Wade	wade
Waffel	waffel	wägen	waegen
wagen	wagen	Waffel	waffel
wägen	wagen	wagen	wagen
Wagenrad	wagenrad	Wagenrad	wagenrad

Abb. 51. Beispiele zur alphabetischen Sortierung im Deutschen

Die zweite der angegebenen Sortierweisen läßt sich durch eine einfache Umkodiertabelle auf die gewöhnliche Sortierung abbilden; NLS stellt eine solche Tabelle zur Verfügung. Dagegen ist zur Realisierung der ersten Sortierweise eine nicht-lokale Umkodierung erforderlich; z.B. könnte am Wort*ende* ein Zeichen angehängt werden. Abbildung 51 zeigt einige Beispiele und die umkodierten Wörter, die zur richtigen Ordnung führen. In anderen Sprachen, z. B. Schwedisch, werden Sonderbuchstaben nicht als Buchstaben*kombinationen* sortiert, sondern in das Alphabet eingeordnet; oder es werden, wie im Spanischen, Doppelbuchstaben als Einzelzeichen behandelt.

Auch die Entsprechung von Groß- und Kleinbuchstaben wird durch Sonderbuchstaben kompliziert: So muß ein deutsches „ß" bei Umsetzung in Großbuchstaben durch „SS" ersetzt werden. Auch dafür stellt NLS eigene Tabellen zur Verfügung.

Die C-Funktionen zur Typ-Klassifizierung von Zeichen (s. Anhang, Tabelle A.6) berücksichtigen in NLS die eingestellte Sprache. Dadurch werden Umlaute und ß im Deutschen als Buchstaben betrachtet.

6.5 Meldungs-Kataloge

Damit Programme unter NLS ihren Dialog mit dem Benutzer in der durch *LANG* angegebenen Sprache führen können, brauchen sie für jede Sprache einen *Katalog*, der alle Texte enthält. Jeder Meldungstext ist eine Nummer zugeordnet, mit der er vom Programm aus angesprochen wird; dazu dienen die C-Unterprogramme *catgetmsg* und *catgets*, die sich in der Behandlung von Fehlern und der Abspeicherung der Meldungen unterscheiden. Vor ihrem Aufruf muß der Katalog durch *catopen* eröffnet werden.

Beispiel: Zu jeder Sprache gibt es gewöhnlich mindestens einen Katalog *info.cat*, der die Bezeichnungen der Wochentage und Monate, die Schreibweise reeller Zahlen (mit Punkt oder Komma), die Wörter „ja" und „nein" und ähnliches enthält. Er kann etwa wie in Tabelle 25 aufgebaut sein.

Tabelle 25. Beispiele für den Aufbau von *info.cat*

LANG=	american	german	esperanto_.8859-3
	6 Sunday	6 Sonntag	6 diman\346o
	7 Monday	7 Montag	7 lundo
	. . .	. . .	. . .
	20 January	20 Januar	20 januaro
	21 February	21 Februar	21 februaro
	22 March	22 M\344rz	22 marto
	. . .	. . .	. . .
	46 yes	46 ja	46 jes
	47 no	47 nein	47 ne

Ein Katalog wird durch das Kommando *gencat* aus einer Textversion in die komprimierte Version umgewandelt, die von Programmen aus ansprechbar ist. Die Textversion kann mit einem Editor erzeugt werden. Komprimierte Kataloge lassen sich mit *dumpmsg* in die für Menschen lesbare Form zurückverwandeln.

Tabelle 26. Aufbau der Umgebungsvariablen *NLSPATH*; wo die angegebenen Platzhalter vorkommen, werden sie durch entsprechende Teile des Wertes von *LANG* ersetzt.

`%L`	Wert der U-Variablen *LANG*
`%N`	Name des Katalogs (*name* in *catopen*)
`%l`	1. Teil (Sprache) von *LANG*
`%t`	2. Teil (Sprachgebiet) von *LANG*
`%c`	3. Teil (Zeichensatz) von *LANG*

Kataloge werden in einem Dateiverzeichnis gesucht, das durch die Umgebungsvariable *NLSPATH* bestimmt wird. Dabei kann der Pfadname mehrere Sonderkomponenten enthalten, die in Tabelle 26 erklärt sind. Diese Komponenten werden durch die entsprechenden Werte ersetzt. Auf diese Weise ist es dem Benutzer überlassen, ob er seine Kataloge z. B. nach Sprachen oder nach den benutzenden Programmen ordnen will. Für *LANG=german* heißt der Katalog zum Kommando *date* dann in diesen beiden Fällen:

```
(NLSPATH=$HOME/nls/%L/%N.cat)    $HOME/nls/german/date.cat
(NLSPATH=$HOME/nls/%N/%L.cat)    $HOME/nls/date/german.cat
```

Da das Wort „Katalog" im Zusammenhang mit NLS eine spezielle Bedeutung erhalten hat, kann es zu Verwirrung führen, wenn man es auch für den englischen Begriff „*directory*" gebraucht. Für diesen wird sich wohl die Bezeichnung „Dateiverzeichnis" oder kurz „Verzeichnis" endgültig einbürgern.

6.6 Alternativen

Auf UNIX-Systemen ohne NLS muß man sich meist mit behelfsmäßigen Ersatzdarstellungen für Umlaute und ähnliche Sonderzeichen abfinden. Da die Editoren in der Regel nur 7-Bit-Codes unterstützen, bleiben zwei Möglichkeiten zur Darstellung solcher Zeichen (vgl. Fößmeier 1988):

a) Es wird eine „nationale Variante" des ASCII-Codes verwendet, die auf einige Zeichen der internationalen Referenz-Version verzichtet und die freiwerdenden Positionen mit anderen Zeichen belegt. In der deutschen Referenz-Version werden „@[\]{|}~" zu „§ÄÖÜäöüß". Siehe auch Tabelle A.1 im Anhang.

b) Die Zeichen werden als Kombinationen anderer Zeichen dargestellt. Dazu ist entweder ein Fluchtsymbol erforderlich, das bei Auftreten im Text z. B. durch ein verdoppeltes Fluchtsymbol dargestellt wird, oder es wird ein Steuerzeichen verwendet. Geeignet ist der Rückwärtsschritt (\b, ASCII 8). Die Darstellungen in Tabelle 27 sind genormt.

Tabelle 27. Darstellung diakritischer Zeichen mit \b

\b"	Umlaut	A\b" → Ä
\b′	Akut	e\b′ → é
\b`	Gravis	e\b` → è
\b^	Zirkumflex	e\b^ → ê
\b,	Cedille	c\b, → ç

Für *ß* existiert keine genormte Darstellung; Banahan (1984) verwendet „p\b3", gedruckt als „ß".

c) Die Sonderzeichen werden transskribiert: ß→ss, ä→ae, ...

Die beiden Darstellungen a) und b) lassen sich mit *sed* gut ineinander umwandeln. Das empfiehlt sich z. B., wenn man Darstellung b) mit einem Textformatierer wie *nroff* erzeugt und in Darstellung a) auf einem Drucker ausgeben will.

Die Darstellung c) durch Transskription empfiehlt sich nur für einfache Zwecke (Programmkommentare u. ä.), weil sie gegenüber a) und b) weniger Information aufweist und daher nicht automatisch in diese Darstellungen umgewandelt werden kann.

Die Darstellungen a) und b) sind nicht unmittelbar zum alphabetischen Sortieren geeignet. Man kann sie jedoch mit dem Programm *sed* in eine Form bringen, aus der das Sortierprogramm *sort* die richtige Ordnung erzeugt, und anschließend auch wieder in die alte Form zurücktransformieren. Damit keine Information zu verloren geht, müssen dabei Sonderzeichen eingefügt werden, die z. B. *ß* von *ss* unterscheiden (im nachfolgenden Beispiel wird „#" verwendet). Das Programm *sort* ignoriert diese Zeichen, wenn die Option –d angegeben wird.

Wie im letzten Abschnitt erwähnt, gibt es im Deutschen zwei Sortierweisen. „ß", dargestellt durch die Tilde ˜, kann immer zu „ss#" umgeschlüsselt werden: Mit *sed* geht das so (das Zeichen \b muß direkt, also als *CTRL-H* oder ^H angegeben werden):

```
sed ′s/ß/ss#/g′        sed ′s/p^H3/ss#/g′
```

Umlaute, etwa das durch { dargestellte *ä*, werden bei der ersten Sortierweise ebenso gekennzeichnet wie ß. Bei der zweiten Sortierweise muß an das Wort ein Leerzeichen angehängt werden, das dafür sorgt, daß z. B. „wägen" *nach* „wagen" eingeordnet wird. Dieses Leerzeichen wird durch vorangestelltes # gekennzeichnet. Als „Wörter" werden hier der Einfachheit halber Reihen aus den Zeichen *A* bis *ß* (~) zugelassen; präziser wäre die Angabe „*[A–\Üa–ß]*":

```
sed ′s/ä/ae#/g′    sed ′s/a^H"/ae#/g′
```
bzw.
```
sed ′s/ä\([A-ß]*\)/a#\1# /g′
```

Die vollständigen Skripten für *sed* sind im Anhang B.4 enthalten. Probleme könnte es bei der zweiten Sortierweise geben, falls zwei Wörter sich nur durch Umlaute an verschiedenen Stellen unterscheiden.

7 Lokale Rechnernetze

Einrichtungen mit vielen Rechnern, auch verschiedenen Typs, verbinden diese häufig durch ein lokales Netz (LAN = *local area network*), auf der Basis von Koaxial- oder Glasfaserleitungen. Das führt zu der Situation, daß nicht mehr räumliche Nähe, sondern sachliche Eignung die Wahl des Rechners bestimmt, den ein bestimmter Benutzer für eine bestimmte Aufgabe einsetzt. Dabei ist es von großem Vorteil, wenn durch UNIX auf allen Rechnern ein (weitgehend) einheitliches Betriebssystem zur Verfügung steht.

Beim Übergang zwischen verschiedenen Rechnern ist der kluge Aufbau von Schnittstellen von besonderer Bedeutung. UNIX stellt daher einige Kommandos und Bibliotheksunterprogramme zur Verfügung, die den Benutzer hier weitgehend von Rechnerabhängigkeiten abschirmen.

7.1 Netz-orientierte Kommandos

7.1.1 Kommandoausführung

Zwei Kommandos erlauben auf bequeme Weise die Ausführung von Programmen auf einem nicht-lokalen Rechner:

Das Kommando *rlogin* beginnt einen Dialog, der sich nicht von einem lokalen Dialog unterscheidet. Der erste Parameter ist der Name des entfernten Rechners. Das Rechenkennzeichen auf diesem Rechner kann als weiterer Parameter angegeben werden; fehlt es, so wird das lokale Kennzeichen verwendet.

Das Kommando *remsh* startet ein einzelnes Kommando auf dem entfernten Rechner. Wieder ist der erste Parameter der Rechnername; dann folgt der Kommandoaufruf in gewöhnlicher Syntax. Es wird also eine vollständige K-Schnittstelle übertragen. Auf Rechnern, wo die *restricted shell (rsh)* nicht existiert, wird häufig der Name *rsh* statt *remsh* verwendet.

Zum Start eines abgesetzten Kommandos mittels *remsh* muß der lokale Rechner dem entfernten als „vertrauenswürdig" erklärt sein. Das geschieht benutzerspezifisch durch einen Eintrag des lokalen Rechnernamens in einer Datei *.rhosts* auf dem entfernten Rechner, oder global durch einen solchen Eintrag in der Datei *letc/hosts.equiv*. Ein solcher Eintrag erspart auch beim Kommando *rlogin* die Angabe des Paßwortes.

Bei der Verwendung von *remsh* werden auch die Standardkanäle des gestarteten
Prozesses auf das Netz umgelenkt und wie bei lokaler Ausführung mit Tastatur
und Bildschirm verbunden.

7.1.2 Dateiübertragung

Zur Übertragung von Dateien über das lokale Netz gibt es ein Kommando *rcp (remote copy)*, das analog zum Kommando *cp* funktioniert: der letzte Parameter ist
das Ziel, die vorhergehenden sind Quellen. Mehrere Quellen sind natürlich nur
dann zulässig, wenn das Ziel ein Verzeichnis ist. Im Unterschied zu *cp* können
sowohl Quelle als auch Ziel bei *rcp* eine vorangestellte Rechnerbezeichnung enthalten, die durch einen Doppelpunkt vom Dateinamen getrennt ist. Fehlt diese
Bezeichnung, so ist der lokale Rechner gemeint. Fehlt beim Ziel der Dateiname,
so wird er übernommen. Beispiel mit den Rechnern *asterix* und *obelix*:

```
rcp mat.f asterix:
rcp obelix:/etc/passwd passwd.obelix
```

Auch zum Gebrauch von *rcp* muß der lokale Rechner beim entfernten vertrauenswürdig sein (siehe Abschnitt 7.1.1). Zu beachten ist, daß durch *rcp* der Doppelpunkt eine Spezialbedeutung bekommen hat und daher nicht mehr in Dateinamen
oder Rechnernamen verwendet werden sollte.

Über das lokale Netz lassen sich aber nicht nur einzelne Dateien kopieren, sondern auch ganze Dateisysteme auf entfernten Rechnern zur Verfügung stellen und
mit dem Kommando *mount* in den dortigen Dateibaum einbinden. Das wird durch
das System *NFS (network file system)* ermöglicht. Es überträgt N- und S-Schnittstelle über das Netz und behandelt Zugriffe auf entfernte Dateisysteme so, daß sie
(abgesehen von der Geschwindigkeit) wie lokale erscheinen. FIFOs (benannte
Pipes, vgl. Abschnitt 2.4.5) werden allerdings nicht über NFS übertragen.

Eine eingehendere Beschreibung von NFS ist vor allem für Systemverwalter
interessant und muß entsprechenden Handbüchern überlassen bleiben.

7.1.3 Orientierung im Netz

Einige Kommandos erlauben eine bessere Orientierung über Vorgänge im lokalen
Netz. Das Kommando *who* gibt bei Benutzern, die über das Netz angemeldet sind
(rlogin), den Rechner an, von dem die Anmeldung kommt. Mit dem Kommando
hostname läßt sich umgekehrt feststellen, auf welchem Rechner man gerade arbeitet; das ist insbesondere dann wichtig, wenn man an mehreren Fenstern auf verschiedenen Rechnern parallel arbeitet.

Um formal, z. B. in Kommandoskripten, eindeutig festzustellen, ob man lokal
oder über Netz angemeldet ist, ist wichtig, daß die Namen der virtuellen Geräte,
die entfernte Anmeldungen annehmen, stets die Zeichenreihe *ttyp* enthalten. Das
ist nützlich, um in der Datei *.profile* (bei Verwendung der *C-Shell: .login*) be-

stimmte Kommandos nur bei der ersten, lokalen, Anmeldung auszuführen. Ein Beispiel zeigt Abbildung 52.

```
if expr `tty` : '.*/ttyp' >/dev/null     # enthält tty die
    then                                  # Zeichenreihe /ttyp ?
    date >>anmeldungen                    # dann Anmelde-
fi                                        # zeit speichern
```

Abb. 52. Abfrage in *.profile*, ob lokale Anmeldung

Über Zustand, Auslastung und Belegung anderer Rechner geben die Kommandos *ruptime* und *rwho* Auskunft. Die Ausgabe von *rwho* ist analog zu der des Kommandos *who*, gibt jedoch außerdem zu jedem Benutzer den Rechner an, an dem dieser arbeitet. *ruptime* zeigt an, welche Rechner im Netz verfügbar sind und wie stark ihre Rechenlast ist. Beide Kommandos beziehen ihre Informationen aus allgemein ausgestrahlten Meldungen *(broadcast)*, die jeder Rechner in Abständen von einigen Minuten verschickt; daher erfolgt die Ausgabe der Kommandos sofort, ohne vorherige Anfragen über das Netz.

Über die Erreichbarkeit eines bestimmten Rechners informiert das Kommando *ping*, das eine Testnachricht abschickt und auf eine Reaktion wartet.

7.2 Netz-Programmierung in C

In BSD-UNIX und System V.4 kann man aus C-Programmen S-Schnittstellen zwischen zwei Rechnern aufbauen. Dazu werden sogenannte *sockets* („Steckdosen") erzeugt, die entweder als Empfänger auf Daten warten oder als Sender Daten verschicken können. Ist die Verbindung einmal hergestellt, so verhält sich ein *socket* wie ein gewöhnlicher Dateibeschreiber und kann mit den Routinen *read* und *write* gelesen bzw. geschrieben werden. Abbildung 53 zeigt ein kleines Beispiel.

Die Adressierung im Rechnernetz erfolgt dabei durch Angabe einer *Internet-Adresse* und eines *Tores (port)*. Internet-Adressen bestehen aus vier Ein-Byte-Zahlen und spezifizieren einen Rechner; das Tor am Rechner wird durch eine Zahl der Länge zwei Byte angegeben. Während Internet-Adressen weltweit einheitlich vergeben werden, sind Tornummern nur für einige Programme genormt. Es handelt sich dabei meist um Nummern unter 1024, die nur von der Kennung *root* benutzt werden dürfen. In C-Programmen sind Adressen in einer Struktur *sockaddr_in* gespeichert; die Komponente *sin_addr* enthält die Internet-Adresse, die Komponente *sin_port* die Tornummer.

Sender

```
#include <sys/socket.h>
#include <netinet/in.h>
#include <netdb.h>

struct sockaddr_in adr;
struct hostent *zielrechner;
int so;

zielrechner = gethostbyname("asterix");

adr.sin_family = AF_INET;
adr.sin_addr   = *(struct in_addr*) zielrechner->h_addr;
adr.sin_port   = htons(12345);

so = socket(AF_INET, SOCK_STREAM, 0);
connect(so, &adr,sizeof(adr));
write(so, &daten, sizeof(daten));
  ...
```

Abb. 53a. Senden von Daten über *sockets*

Empfänger

```
#include <sys/socket.h>
#include <netinet/in.h>

struct sockaddr_in adr;
int s_warten, s_lesen;

adr.sin_family = AF_INET;
adr.sin_addr.s_addr = INADDR_ANY;
adr.sin_port   = htons(12345);

s_warten = socket(AF_INET, SOCK_STREAM, 0);
bind(s_warten, &adr,sizeof(adr));
listen(s_warten, 3);
s_lesen = accept(s_warten, 0, 0);
read(s_lesen, &daten, sizeof(daten));
  ...
```

Abb. 53b. Empfangen von Daten über *sockets*

Ein empfangendes *socket* erhält seine Adresse durch einen Aufruf der Routine *bind*. Die Internet-Adresse muß dabei stets eine Adresse des eigenen Rechners sein; es kann der Wert *INADDR_ANY* angegeben werden. Einem sendenden *socket* wird die Adresse durch *connect* zugeordnet. Wenn er den Rechnernamen seines Partners kennt, kann er die Internet-Nummer durch einen Aufruf von *gethostbyname* herausfinden.

Ein Problem bei der Übertragung von Zahlen im Internformat einer Maschine sind unterschiedliche Formate bei verschiedenen Herstellern. Wie in Abschnitt 2.7.7 erwähnt, ist die Reihenfolge der Bytes in einem Wort oder Halbwort auf Maschinen verschiedenen Typs unterschiedlich. Daher gibt es ein einheitliches Format für die Netzübertragung und Routinen zur Umwandlung in dieses und aus diesem Format; die Namen der Routinen beginnen mit *hton (host to network)* bzw. *ntoh (network to host)*; ein folgendes *s (short)* oder *l (long)* steht für kurze oder lange ganze Zahlen mit zwei bzw. vier Byte.

Dienste über Netz: Eine häufige Anwendung der lokalen Vernetzung ist das Anbieten von Diensten über Netz. Dazu gehören etwa Postdienste oder eine zentrale Uhr. Solche Dienste werden in Form eines Programms angeboten, das auf einem bestimmten Rechner darauf wartet, daß an einem bestimmten Tor ein Auftrag ankommt. Man bezeichnet solche Programme als Bediener oder *Server*; Programme, die solche Dienste in Anspruch nehmen, heißen deren *Klienten*.

Werden auf einem Rechner viele Dienste angeboten, so führt das dazu, daß eine große Anzahl von Programmen auf diesem Rechner ständig wartet und dabei Platz auf dem Hintergrundspeicher (Platte) des Rechners belegt. Um das zu vermeiden, wurde der *Internet-Dämon inetd* eingeführt. Dieses Programm beobachtet alle Tore eines Rechners, die über Listen in bestimmten Dateien *(inetd.conf, services* in */etc)* spezifiziert sind. Trifft dort ein Auftrag ein, so startet er den betreffenden *Server*. Auf diese Weise werden *Server* nur dann aktiv, wenn sie wirklich gebraucht werden; das Warten wird von *inetd* übernommen.

Ein anderer Zugang zu Netz-Diensten ist der *remote procedure call (rpc,* vgl. Corbin u. Silveri 1989). Hierbei kann ein *Server* durch Aufruf des Unterprogramms *registerrpc* einen Dienst anbieten; ein Klient kann ihn dann über *callrpc* aufrufen. Jedem Dienst ist eine eindeutige Nummer zugeordnet. Ein Teil dieser Nummern wird von der Firma *SUN* zentral verwaltet, so daß eine gewisse Einheitlichkeit gewährleistet ist. Der Aufrufmechanismus von *rpc* besitzt Ähnlichkeiten mit dem Unterprogramm-Aufruf in höheren Programmiersprachen und ist daher für Benutzer mit Programmiererfahrung besser zu handhaben als die Programmierung auf der Basis von *sockets*.

7.3 Das Fenstersystem X

Das System X wurde am MIT entwickelt und dient zur einheitlichen Ansteuerung grafischer Dialoggeräte. Das sind in erster Linie Rasterbildschirme mit angeschlossener Maus, aber auch Digitalisierer oder Tabletts. X stellt damit, ähnlich wie die Programmbibliothek *curses*, eine einheitliche Schnittstelle zum (grafikfähigen) Dialoggerät her. Zugleich ersetzt es bei solchen Geräten auch die T-Schnittstelle zum Gerätetreiber.

Bei X unterscheidet man zwischen dem Dialoggerät (dem Bediener oder *Server*) und Programmen, die X verwenden (Klienten). Ein Klient muß nicht im selben Rechner laufen wie der *Server*, sondern kann mit diesem über ein lokales Netz kommunizieren. Klienten senden Anforderungen an den *Server* und erhalten von ihm Rückmeldungen in Form von *Ereignissen (events)*. Dabei übernimmt der *Server* viele Grundaufgaben; er achtet z. B. darauf, ob der Mauszeiger ein Fenster betritt oder verläßt oder ob ein Fenster durch das Verschwinden eines anderen Fensters freigelegt wird.

C-Programme als X-Klienten können einen *Server* über die Programmbibliothek *Xlib* ansprechen. Die Dienste der *Xlib* sind allerdings auf ziemlich niedrigem Niveau; daher stehen dem Anwender in sogenannten Werkzeugkästen oder *Toolkits* komplexere Objekte zur Verfügung, die *Widgets* genannt werden. Solche *Widgets* sind einfacher zu verwalten und erfordern weniger Quellcode als entsprechende Aufrufe aus der *Xlib*.

Programme entnehmen die Information, welches X-Gerät sie benutzen sollen, meist der Umgebungsvariable *DISPLAY*. Diese Variable wird leider beim Rechnerwechsel im Netz mittels *rlogin* nicht übermittelt und muß nach *rlogin* neu gesetzt werden. Ihr Wert hat die Form $R{:}G.S$, wobei R der Name des Rechners, G die Nummer des Grafik-Geräts und S die Nummer des Schirms ist. Wenn an einem Rechner nur ein Grafik-Gerät angeschlossen ist und dieses nur einen Bildschirm besitzt, sind beide Nummern gleich 0.

Damit X-Geräte nicht ohne weiteres von fremden Benutzern über Netz benutzt (belauscht oder beschrieben) werden können, ist zur Benutzung über Netz eine Freigabe erforderlich. Dazu wird das Kommando *xhost* mit dem Namen des Rechners aufgerufen, der Zugang erhalten soll. Eine benutzerspezifische Erlaubnis ist nicht möglich.

Programme, die ein alphanumerisches Dialoggerät voraussetzen, können unter X betrieben werden, wenn durch das Kommando *xterm* (oder andere, herstellerabhängige Kommandos) ein virtuelles Gerät erzeugt wird, dessen Bildschirmfenster sich wie ein Sichtgerät des Typs *vt100* (oder ähnlich) verhält. Wird in einem solchen Fenster eine *Shell* gestartet, so ist traditionelles Arbeiten möglich (mag man das als Vor- oder Nachteil betrachten).

Die Organisation mehrerer Fenster auf einem Gerät wird erleichtert durch Verwaltungsprogramme *(window manager)*. Ein solches Programm ermöglicht auf bequeme Weise das Umlenken der Tastatureingabe auf ein bestimmtes Fenster, das Verschieben, Vergrößern, Verkleinern und das Umschichten von Fenstern. Solche *Window Manager* sind sehr stark maus-orientiert; nahezu alle Kommandos werden über Maustasten oder durch Verschieben der Maus in ein Fenster gegeben.

X strebt Einheitlichkeit bei den Optionen der Kommandos an, die *X* verwenden. Optionen, die die Grafik betreffen, sollten bei allen Programmen gleich heißen und gleich wirken. Die genormten Optionsbezeichnungen von X bestehen, im Gegensatz zur 3. Regel aus Kapitel 2.1.2 (S. 10), aus mehreren Zeichen; oft stellen sie

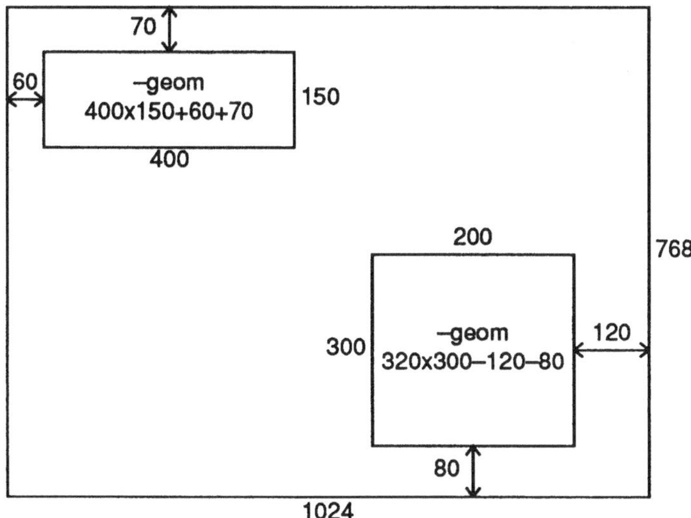

Abb. 54. Die Option *–geom* bestimmt Größe und Lage eines Fensters

ganze Wörter dar. Ein Beispiel ist die Option *–geom*, die Abmessungen und Lage eines Fensters festlegt, und zwar in der Form

$$\texttt{-geom } b\texttt{x}h\pm x\pm y$$

wobei *b* die Breite, *h* die Höhe des Fensters und *x/y* die Abstände des Fensters vom Bildschirmrand sind. Mit dem Vorzeichen + beziehen sich diese Abstände auf den linken bzw. oberen Rand des Bildschirms, mit einem Minuszeichen auf den rechten bzw. unteren (vgl. Abbildung 54).

Die meisten Optionen beziehen sich auf sog. *Ressourcen*, das sind Größen, für die das Programm einen Wert benötigt, etwa Farben für Vorder- und Hintergrund eines Fensters, oder verwendete Schriftsätze *(fonts)*. Solche Werte können auch in einer Datenbank festgelegt werden, die in der Datei *.Xdefaults* enthalten ist. Jede Zeile enthält den Namen einer Ressource und dahinter, durch Doppelpunkt getrennt, den Wert. Dabei kann vor dem Namen der Ressource noch, durch einen Stern getrennt, der Name eines Programms stehen; der Wert gilt dann nur für dieses Programm. Ein gelber Hintergrund für ein Fenster vom Typ *xterm* kann also festgelegt werden durch die Aufrufoption *–bg yellow* oder durch den Eintrag *xterm*background: yellow* in der Datei *.Xdefaults*.

Das System *X* liefert eine Schnittstelle zu verschiedenen grafischen Dialoggeräten, die sich nicht nur durch Einheitlichkeit und Geräteunabhängigkeit auszeichnet, sondern durch vorhandene *Toolkits* auch ein höheres Niveau bietet, das dem Programmierer Routinearbeit abnimmt. Es wird sicherlich in vielen Bereichen die traditionellen alphanumerischen Sichtgeräte mit ihrer S- und T-Schnittstelle verdrängen. Im Bereich preiswerter Kleinrechner, in den UNIX jetzt auch vordringt, werden jedoch alphanumerische Geräte noch Bedeutung behalten.

<table>
<tr><td>

```
*VT100.translations: #override \
Shift Meta <Key>a: string(0xc4) \n \
Shift Meta <Key>o: string(0xd6) \n \
Shift Meta <Key>u: string(0xdc) \n \
Meta <Key>a: string(0xe4) \n \
Meta <Key>o: string(0xf6) \n \
Meta <Key>u: string(0xfc) \n \
Meta <Key>s: string(0xdf) \n
```

</td><td>

Meta-Shift-a = Ä
Meta-Shift-o = Ö
Meta-Shift-u = Ü
Meta-a = ä
Meta-o = ö
Meta-u = ü
Meta-s = ß

</td></tr>
</table>

Abb. 55. Konfigurieren der VT100-Tastatur zur Eingabe von Umlauten
(eingetragen in der Datei *Xdefaults*)

X und NLS: Beim Arbeiten mit X kann der Benutzer unter einer Vielzahl von
Zeichensätzen wählen, von denen viele auch Sonderzeichen verschiedener Sprachen enthalten, insbesondere nach DIN 66303 (ISO 8859/1, vgl. Tabelle A.1 im
Anhang). Dadurch arbeitet X gut mit dem System NLS (vgl. Abschnitt 6) zusammen, das ebenfalls solche Zeichensätze verwendet. Da die Tastaturen von X-Bild-
schirmen gewöhnlich eine Erweiterungstaste (bezeichnet als META, ALT oder
COMPOSE) besitzen, lassen sich auch Sonderzeichen eingeben, für die keine
eigene Taste vorhanden ist. Abbildung 55 zeigt, wie man bei dem Terminal-
Emulationsprogramm *xterm*, das einen gewöhnlichen Textbildschirm emuliert, die
Tastatur so konfiguriert, daß deutsche Umlaute als Meta-a, Meta-o usw. einge-
geben werden können; es werden die Kodes nach DIN 66303 erzeugt. Die Angaben aus Abbildung 55 müssen in der oben beschriebenen Datei *Xdefaults* stehen.

Anhang A: Tabellen

Tabelle A.1. Allgemeine Referenz-Version des 8-Bit-Codes (ARV8) nach DIN 66303 (ISO 8859/1)
Die Code-Nummern der Zeichen sind in hexadezimaler Form angegeben; die Zahl links entspricht den niedererwertigen vier Bits, die Zahl oben den höherwertigen.

	2	3	4	5	6	7
0		0	@	P	`	p
1	!	1	A	Q	a	q
2	"	2	B	R	b	r
3	#	3	C	S	c	s
4	$	4	D	T	d	t
5	%	5	E	U	e	u
6	&	6	F	V	f	v
7	'	7	G	W	g	w
8	(	8	H	X	h	x
9	)	9	I	Y	i	y
A	*	:	J	Z	j	z
B	+	;	K	[	k	{
C	,	<	L	\	l	|
D	−	=	M	]	m	}
E	.	>	N	^	n	~
F	/	?	O	_	o	

	A	B	C	D	E	F
0		°	À	Ð	à	ð
1	¡	±	Á	Ñ	á	ñ
2	¢	²	Â	Ò	â	ò
3	£	³	Ã	Ó	ã	ó
4	¤	´	Ä	Ô	ä	ô
5	¥	µ	Å	Õ	å	õ
6	¦	¶	Æ	Ö	æ	ö
7	§	·	Ç	×	ç	÷
8	¨	¸	È	Ø	è	ø
9	©	¹	É	Ù	é	ù
A	ª	º	Ê	Ú	ê	ú
B	«	»	Ë	Û	ë	û
C	¬	¼	Ì	Ü	ì	ü
D		½	Í	Ý	í	ý
E	®	¾	Î	Þ	î	þ
F	¯	¿	Ï	ß	ï	ÿ

In der deutschen Referenz-Version (DRV8) tauschen folgende Zeichen ihre Plätze:

↕	@	[	\	]	{	|	}	~
	§	Ä	Ö	Ü	ä	ö	ü	ß

Folgende Steuerzeichen besitzen in UNIX-Programme eine einheitliche Interpretation sowie eine besondere Ersatzdarstellung (vgl. Abschnitt 2.4.2):

Tabelle A.2. Steuerzeichen

hex.	okt.	C	Name
8	10	\b	Rückwärtsschritt *(backspace)*
9	11	\t	Tabulator
A	12	\n	Zeilenvorschub (LF)
B	13	\v	Vertikaler Tabulator
C	14	\f	Neue Seite
D	15	\r	Wagenrücklauf (CR)

Diakritische Zeichen (Über- und Unterzeichen) in Spalte C (12) der Mehr-Byte-Version (MBV8, ISO 6937), jeweils mit einem Beispiel:

Tabelle A.3. Diakritische Zeichen (MBV8)

		4	˜ñ	8	¨ä	C	‗a
1	`à	5	¯a̱	9	.ş	D	˝ő
2	´é	6	˘ŭ	A	˙å	E	˛ę
3	^ĉ	7	˙ċ	B	˛ç	F	ˇš

Die folgende Tabelle führt zu allen abdruckbaren Sonderzeichen auf, welche besondere Funktion sie für bestimmte UNIX-Programme haben, insbesondere auf der Kommmandoebene, also beim Aufruf oder im Dialog mit der *Shell*. Aufgrund der Vielzahl der Programme und der raschen Entwicklung kann die Liste leider keinen Anspruch auf Vollständigkeit erheben. Die Abkürzung „RA" bedeutet, daß ein Zeichen in regulären Ausdrücken vorkommt.

Tabelle A.4. Besondere Funktionen von Sonderzeichen

Zeichen	Funktion
!	Verzweigt aus vielen Kommandos in eine *Shell*, z. B. aus Editoren *Shell:* komplementiert Zeichenklassen in [] *csh:* wiederholt Kommandos
"	*Shell, troff:* Zitierklammer

Zeichen	Funktion
#	*sh, m4 ...:* leitet Kommentare bis zum Zeilenende ein
	vi: Abkürzung für letzten Dateinamen
$	*Shell:* Wert einer Variable bestimmen
	RA: Zeilenende
%	*vi:* Abkürzung für den Namen der editierten Datei
	printf u. a: Format-Bezeichnung
	NLSPATH: Spezial-Komponenten
	mail: sekundärer Adreß-Trenner (vgl. @)
&	*Shell:* Ausführung im Hintergrund
	sed: Platzhalter für ein erkanntes Ersetz-Muster
'	*Shell:* Zitierklammer
	troff: Kommandosymbol am Zeilenanfang
	m4: als rechtes Anführungszeichen voreingestellt.
( )	*Shell:* Kommandos in Unter-*Shell* ausführen
	RA: gruppieren
*	RA: beliebige Wiederholung (auch *Shell*)
+	RA: mindestens einmalige Wiederholung
	sort: leitet Feldnummern ein
,	*getopts:* Trennung mehrerer Werte bei Wertoption
	/etc/passwd: Felder nochmals unterteilen
−	K-Schnittstelle: Option einleiten
.	RA: beliebiges Zeichen
	troff: Kommandosymbol am Zeilenanfang
	64er-Zahlen: Ziffer 0 (s. Abschnitt 2.7.5)
	Dateiname: trennt Grundnamen und Endung;
	.. = Elterverzeichnis, . = eigenes Verzeichnis
	Shell: Kommandos in einer Datei ausführen
	mail: trennt Komponenten in Adressen
/	Dateinamen: Verzeichnisse im Pfadnamen trennen
	64er-Zahlen: Ziffer 1
:	*/etc/passwd* u. a: Felder trennen
	rcp, mount: Rechnernamen abschließen
	Shell: wirkungsloses Kommando
;	*Shell, find:* Anweisungen trennen
<	*Shell:* Eingabe umlenken
=	*Shell:* Variablen setzen
>	*Shell:* Ausgabe umlenken
?	*Shell:* beliebiges Zeichen in Dateinamen ersetzen
	RA: 0- oder 1-maliges Vorkommen
@	*mail, talk, mount:* Rechnernamen einleiten
[ ]	RA: Zeichenklassen bilden (auch *Shell*)
\	vielfach: Spezialbedeutung des folgenden Zeichens aufheben
	(Zitieren); Zeichen in Oktaldarstellung angeben, u. a. m.
^	RA: Zeilenanfang; Komplement einer Zeichenklasse
	Shell: altes Zeichen für *Pipe* (I)

Zeichen	Funktion
`	vielfach neben Buchstaben in Namen zugelassen *Shell:* setzt Kommandoausgabe in *Shell*-Eingabe ein *m4:* als linkes Anführungszeichen voreingestellt.
{ }	*Shell:* mehrere Kommandos gruppieren, Ausgabe verketten Variablennamen klammern: $ { .. }
|	*Shell: Pipe* RA: Alternative
~	*ksh, csh:* $HOME-Verzeichnis *mail:* Sonderfunktionen aufrufen

Tabelle A.5. Standardfunktionen zur Bearbeitung von Zeichenreihen

`char * strcat (s1,s2)`	hängt s2 an s1 an
`int     strcmp (s1,s2)`	vergleicht s2 und s1
`char * strcpy (s1,s2)`	kopiert s2 in s1
`int     strlen (s)`	berechnet die Länge von s
`char * strchr (s,c)`	zeigt auf das erste c in s
`char * strpbrk(s1,s2)`	zeigt auf das erste Zeichen aus s2 in s
`int     strspn (s1,s2)`	berechnet die Länge des Anfangsstücks von s1, das *nur* Zeichen aus s2 enthält
`int     strcspn(s1,s2)`	bzw. das *keine* Zeichen aus s2 enthält
`char    strtok (s1,s2)`	zerlegt s1 nach Trennern aus s2 (s. u.)
`char * s, s1, s2` `int    c`	*(Typen der Parameter)*

Zu *strcat*, *strcpy* und *strcmp* gibt es Varianten, deren Namen mit *strn* beginnen. Sie haben einen dritten Parameter vom Typ *int*, der die Länge der kopierten oder verglichenen Zeichenreihe beschränkt. Bei *strncpy* wird *genau* die angegebene Zahl von Bytes kopiert, auch wenn vorher ein \0 auftritt.

Tabelle A.6. Standardfunktionen zur Typfeststellung und -umwandlung von Zeichen (sprachabhängig unter NLS!)

Name	Bedeutung	Manual
`int isalpha (c)`	ist c Buchstabe?	
`int isupper (c)`	– Großbuchstabe?	
`int islower (c)`	– Kleinbuchstabe?	
`int isdigit (c)`	– Ziffer?	
`int isxdigit(c)`	– Hexadezimalziffer?	
`int isalnum (c)`	– Buchst. od. Ziffer?	
`int isspace (c)`	– Leerraum (`\t\r\n\f\v`)?	*ctype (3)*
`int isprint (c)`	– abdruckbar (32–126)?	
`int isgraph (c)`	– sichtbar ? (`isprint`, aber nicht Leerzeichen)	
`int ispunct (c)`	– Sonderzeichen ? (`isgraph`, aber nicht `isalnum`)	
`int iscntrl (c)`	– Steuerzeichen (DEL oder < 32)?	
`int isascii (c)`	– ASCII-Zeichen (< 128)?	
`int toupper (c)`	c → Großbuchstabe	
`int tolower (c)`	c → Kleinbuchstabe	*conv (3)*
`int toascii (c)`	höchstes Bit von c wird 0	

Die Zeichenklassen sind in einem externen Vektor festgelegt, der in der Datei <*ctype.h*> vereinbart ist. Diese Datei muß mit *#include* in das Programm eingebunden werden.

Unter NLS (siehe Abschnitt 6) hängt die Klasse eines Zeichens von der eingestellten Sprache ab, ebenso die Entsprechung von Groß- und Kleinbuchstaben.

Tabelle A.7. Standardfunktionen zur Umwandlung zwischen Zeichenreihen und anderen Typen

Name	Bedeutung	Manual

`long    strtol (s,p,ba)`
`long    atol (s)`
`int     atoi (s)`
	ganze Zahlen zur Basis *ba*
	} Basis 10
		strtol (3)

`double atof (s,p)`
`double strtod (s,p)`
`char * [efg]cvt (...)`
	Gleitkomma-Zahlen
	- mit Weiterschalten von *p*
	- formatgesteuert
		strtod (3)
		ecvt (3)

`int     sscanf  (s,f,...)` `int     sprintf (s,f,...)`	universell, formatgesteuert (*f*)	*scanf (3)* *printf (3)*
`long   a641 (s)` `char * 164a (1)`	Zahlen zur Basis 64 (s. 2.7.5)	*a641 (3)*
`char *s, **p; long 1; int ba;` Nach Aufruf von `strto[dl]` zeigt *p auf das erste Zeichen in s, das nicht zur verarbeiteten Zahl gehört.		

Reguläre Ausdrücke: Die Programme *ed*, *grep* und *sed* verarbeiten folgendermaßen aufgebaute reguläre Ausdrücke:

Tabelle A.8a. Elementare reguläre Ausdrücke

Ausdr.	paßt zu	Beispiel	paßt zu
`.`	jedem Zeichen	`.NIX`	`UNIX, ENIX, ...`

`[...]`
`–`
	einem der Zeichen in ...
	Bereiche können dabei
	in der Form *anfang-ende*
	angegeben werden
		`[awk]`
		`[a–z]`
		`[A–Z]`
		`[1–4]`
			a, w oder k
			jedem Kleinbuchstaben
			jedem Großbuchstaben
			1, 2, 3 oder 4

`[^...]`	einem Zeichen außer ...	`[^A–Za–z]`	jedem Nicht-Buchstaben

`x*`	jeder Anzahl von *x*	`A*`
		`.*NIX`
		`[1–9][0–9]*`
		`.*`
			ε, A, AA, AAA, ...
			NIX, UNIX, XENIX, ...
			positiven Dezimalzahlen
			allem

`^`	Zeilenanfang	`^Wort`	„Wort" am Zeilenanfang
`$`	Zeilenende	`Wort$` `^$`	„Wort" am Zeilenende leere Zeile

Ausdrücke mit einer erweiterten Syntax werden von den Programmen *egrep* und *awk* erkannt (α und β stehen für reguläre Ausdrücke, die nötigenfalls geklammert sind; ε steht für die leere Zeichenreihe):

Tabelle A.8b. Erweiterte reguläre Ausdrücke

Ausdruck	paßt zu
$\alpha+$	α oder mehrere Wiederholungen davon
$\alpha?$	ε (leer) oder α
$\alpha\,|\,\beta$	α oder β (statt „ | " auch NL)
(α)	α (zum Gruppieren)

Für die C-Unterprogramme *regcmp* und *regex* gelten noch einige Erweiterungen. Die Funktion des Fragezeichens fällt allerdings weg; sie wird durch *{0,1}* ersetzt:

Tabelle A.8c. Erweiterungen bei *regcmp*

$\alpha\{m\}$	α m-mal hintereinander
$\alpha\{m,\}$	α m-mal oder öfter hintereinander
$\alpha\{m,n\}$	α m- bis n-mal hintereinander
\n	NL (Zeilenwechsel), $ ist Ende der Zeichenreihe

Tabelle A.9. (Ungefähre) Entsprechungen zwischen Kommandos und C-Unter-programmen

„+" = wird innerhalb der *Shell* ausgeführt. C-Unterprogramme aus Sektion (2) entsprechen Systemaufrufen, solche aus Sektion (3) Bibliotheksroutinen.

sh	C (Manual)	Beschreibung
+cd	chdir(2)	Arbeitsverzeichnis ändern
chown	chown(2)	Eigentümer einer Datei ändern
chgrp	chown(2)	Eigentümergruppe einer Datei ändern
chmod	chmod(2)	Zugriffsrechte einer Datei ändern
date	time(2) ctime(3)	Datum und Uhrzeit
+exec	exec(2)	Neuen Prozeß starten
+exit	exit(2)	eigenen Prozeß beenden
find	ftw(3)	Dateibaum durchsuchen
kill	kill(2)	Signal an Prozeß senden
ln	link(2)	Zusätzlichen Namen für eine Datei erzeugen
ls	stat(2)	Informationen über eine Datei abfragen
mknod	mknod(2)	Verzeichnis-Eintrag erzeugen
rm	unlink(2)	Verzeichnis-Eintrag löschen
sleep	sleep(3)	Prozeß „nicht rechenwillig" setzen
sort	qsort(3)	Sortieren
time +times	clock(3)	Rechenzeit eines Prozesses eigene Rechenzeit (der *Shell*)
touch	utime(2)	Zugriffsdatum einer Datei ändern
+trap +onintr	signal(2/3)	Unterbrechungssignale abfangen
tty	ttyname(3)	Name des eigenen Sichtgerätes
+ulimit	ulimit(2)	Dateigröße begrenzen
+umask	umask(2)	Einschränkung von Zugriffsrechten einstellen
+wait	wait(2)	auf Ende eines Prozesses warten

Anhang B: Beispiele

Beispiel B.1. Ausschreiben von Schecks
Zu einer Liste von Namen und Beträgen sind Schecks auszudrucken. Dabei muß
der Betrag auch in Worten angegeben werden. Soweit möglich, soll die korrekte
Anrede aus dem Vornamen ermittelt werden; dazu steht eine Liste von Vornamen
zur Verfügung.

Es werden die UNIX-Datenbankwerkzeuge verwendet; die auftretenden Tabellen
(Relationen) seien folgendermaßen aufgebaut:

Eingabeschnittstelle:

Vornamenliste
(Datei *genus.dat*):

```
Name : Vorname : Betrag
Huber:Siegfried:310,16
Meier:Barbara Ulrike:380,50
Schulze:Hans-Joachim:425,00
...
```

```
Vorname : Geschlecht
Barbara:w
Hans:m
Siegfried:m
Uli:?
...
```

1. Zwischenschnittstelle:

```
Name : Vorname : Betrag : Geschlecht
Huber:Siegfried:310,16:m
Meier:Barbara:380,50:w
Schulze:Hans-Joachim:425,00::m
...
```

2. Zwischenschnittstelle:

```
Name : Vorname : Betrag : Geschlecht : Betrag in Worten
Huber:Siegfried:310,16:m:dreihundertzehn
Meier:Barbara:380,50:w:dreihundertachtzig
Schulze:Hans-Joachim:425,00:m:vierhundertfuenfundzwanzig
...
```

Zum Übergang von der Eingabeschnittstelle auf die erste Zwischenschnittstelle
(Geschlecht zum Vornamen bestimmen) kann ein **awk-Programm** dienen: Zuerst
wird ein Feld *gen* angelegt, in dem zu jedem Vornamen die Geschlechtsangabe gespeichert ist. Anschließend werden etwaige Doppel-Vornamen getrennt und nach
dem ersten Teil das Geschlecht bestimmt. *awk* legt das Feld *gen* nach dem Streuspeicherverfahren ab, so daß die Zugriffszeiten kurz sind.

```
awk -F: '
FILENAME ~ /genus.dat$/                    # Vornamenliste
         { gen[$1] = $2; next }
         {                                 # Eingabe
# -->      Name      Vorname Betrag
           split ($2, DOPNAME, " ")
           split (DOPNAME[1], VORNAME, "-")
           print $1,DOPNAME,$3,gen[VORNAME[1]] }
# -->      Name      Vorname Betrag  Geschlecht
' OFS=":" genus.dat  -
```

Der Übergang auf die erste Zwischenschnittstelle kann auch mit dem Datenbank-Programm *join* erfolgen. Dazu müssen die beiden Listen aber nach ihrem verbindenden Element, nämlich den Vornamen, geordnet sein. Wenn wir das für die Vornamenliste *genus.dat* voraussetzen, können wir die folgenden Kommandos verwenden:

```
LJ="-j1 2 -j2 1"                 # Verbindungsfelder
LO="-o 1.1 1.2 2.2"             # Ausgabefelder
sort -t: +1 | \                 # nach 2. Feld sortieren
join -t: $LJ $LO - genus.dat    # und vereinigen
```

Anschließend muß die Liste wieder so sortiert werden, wie sie vorher war, z. B. nach Familiennamen. Beachten Sie, daß das zweite Feld für *sort* die Nummer *1* hat! Dagegen zählt *join* seine Felder beginnend mit 1, so daß die Ausgabefelder die Nummern 1 und 2 haben.

Abbildung 56 zeigt das **awk-Programm** zum Übergang von der ersten auf die zweite Zwischenschnittstelle (Betrag in Worten ausschreiben); als Kommentarzeilen sind der Aufbau der der Ein- und Ausgabe-Schnittstelle angegeben.
Das **Drucken des Schecktextes** erfolgt in einem *Shell*-Skript; es könnte auch mit Kommandos wie *awk* oder *nroff* erfolgen:

```
IFS=":" while read ZEILE; do
     set $ZEILE
     echo "Zahlen Sie gegen diesen Scheck"
     echo "$5 deutsche Mark **DM $3**\n"
     case $4 in
          m) echo "an Herrn $2 $1" ;;
          w) echo "an Frau $2 $1" ;;
          *) echo "an Firma/Frau/Herrn $2 $1" ;;
     esac done
```

```
awk -F: '
# Eingabe:    Name      Vorname Betrag  Geschlecht
BEGIN {
    xe="ein zwei drei vier fuenf sechs sieben acht neun"
    xz="zehn zwanzig dreissig vierzig fuenfzig" \
        "sechzig siebzig achtzig neunzig"
    xh="elf zwoelf dreizehn vierzehn fuenfzehn" \
        "sechzehn siebzehn achtzehn neunzehn"
    split (xe, we, " ")
    split (xz, wz, " ")
    split (xh, wh, " ")
}
{

    printf "%s:%s:%s:%s:", $1,$2,$3,$4
    z = "00"$3 ; split(z, zahl, ",")
    lz=length(zahl[1])
    hs=substr(zahl[1],lz-2,1)
    zs=substr(zahl[1],lz-1,1)
    es=substr(zahl[1],lz  ,1)

    if (hs > 0) printf "%shundert", we[hs]
    if (zs == 0) {
        if (es == 1) printf "eins"
        else if (es > 1) printf "%s", we[es]
    }
    else if (zs == 1) printf "%s", wl[es]
    else if (es > 0) printf "%sund%s", we[es], wz[zs]
    printf "\n"
# Ausgabe:    Name  Vorname  Betrag  Geschlecht  Betr. i. W.
} '
```

Abb. 56. *awk*-Programm zum Umsetzen von Zahlen in Worte

Ergebnis:

```
Zahlen Sie gegen diesen Scheck
dreihundertzehn deutsche Mark **DM 310,16**
an Herrn Siegfried Huber
Zahlen Sie gegen diesen Scheck
dreihundertachtzig deutsche Mark **DM 380,50**
an Frau Barbara Meier
Zahlen Sie gegen diesen Scheck
vierhundertfuenfundzwanzig deutsche Mark **DM 425,00**
an Herrn Hans-Joachim Schulze
```

Unschön ist noch die Darstellung von *ü* durch *ue* usw. Bessere Methoden zur Behandlung von Umlauten sind in Abschnitt 5 beschrieben.

<code>calprog.sh</code>   Erklärung

```
M1="[Jj]an";   M2="[Ff]eb";   M3="[Mm]ar"
M4="[Aa]pr";   M5="[Mm]ay";   M6="[Jj]un"
M7="[Jj]ul";   M8="[Aa]ug";   M9="[Ss]ep"
M10="[Oo]ct"; M11="[Nn]ov"; M12="[Dd]ec"
VOR="(^|[ (,;])"                             # Vorschalt-Muster
NCH="([^0-9]|\$)"                            # Nachschalt-Muster
set `date "+%d %m %y %w"`                    # heutiges Datum ist ?
TG=`expr $1 + 0`
MO=`expr $2 + 0`                             # führende Nullen weg
JHR=$3 ; WTG=$4                              # Jahr, Wochentag

case $MO in
    2)          if expr $JHR % 4 >/dev/null  # Februar hat
                    then ZT=28; else ZT=29   #  28 oder 29 Tage
                fi ;;
    4|6|9|11) ZT=30 ;;                        # Apr/Jun/Sep/Nov
    *)          ZT=31 ;;                       # andere Monate
esac
if   [ $4 -eq 5 ];   then LST='3 2 1 0'      # am Freitag 4 Tage ...
elif [ $4 -eq 6 ];   then LST='2 1 0'        # am Samstag 3 Tage ...
                     else LST='1 0'; fi      # sonst 2 Tage voraus
S='(($MNAM[^ ]* *|0*$MO/|\*/)0*($TAGE))'     # Schema für's Datum
MNAM=
EGREP=                                        # Skript noch leer

for n in $LST ; do
    if [ "$MNAM" = "" ]                       # falls kein Monatsname:
    then TAGE="$TG"
         eval MNAM='$M'$MO                    #  dann Namen bestimmen
    else TAGE="$TAGE|$TG"
    fi
    if [ "$n" = "0" ]; then break; fi
    if [ $TG -ge $ZT ]                        # falls Monatsletzter:
        then eval "EGREP=\"$S|\""             #  dann Schema einsetzen
             MO=`expr "(" $MO % 12 ")" + 1`   #  neuen Monat bestimmen
             MNAM=
             TG=1
        else TG=`expr $TG + 1`                # sonst weiterzählen
    fi
    done
eval "EGREP=\"$VOR($EGREP$S)$NACH\""          # Skript zusammensetzen
echo $EGREP                                   # und ausgeben
```

Abb. 57. Erzeugung des *egrep*-Skripts zur Datumssuche durch ein *Shell*-Programm

Beispiel B.2. Automatischer Terminkalender *(calendar)*

Das UNIX-Programm *calendar* durchsucht eine gleichnamige Datei nach dem Auftreten des heutigen oder morgigen Datums und informiert den Benutzer über die entsprechenden Termine (die ganze Zeile mit dem Datum wird ausgegeben). *calendar* verwendet das Programm *egrep*, um verschiedene (amerikanische) Formen des Datums zuzulassen. Beispiel für den 16. April:

```
(^|[ (,;])(([Aa]pr[^ ]* *|0*4/|\*/)0*16)([^0123456789]|$)
(^|[ (,;])(([Aa]pr[^ ]* *|0*4/|\*/)0*17)([^0123456789]|$)
```

Als Monatsangabe ist somit *Apr* oder *apr* (mit nachfolgenden Zeichen, also auch *April*) sowie auch {0}4 oder * (jeder Monat) zugelassen, aber nur am Zeilenanfang (^) oder nach Klammer, Komma, Punkt oder Leerzeichen. Es folgt der Tag, u. U. mit führenden Nullen; er muß von einer Nicht-Ziffer gefolgt sein oder am Zeilenende ($) stehen.

Da dieses *egrep*-Skript von einem C-Programm *(calprog)* erzeugt wird, läßt es sich nicht an sprachliche, regionale oder persönliche Eigenheiten anpassen, wenn man nicht über die C-Quellen verfügt. Das Skript ist außerdem sehr aufwendig; insbesondere an Freitagen, wenn auch das Datum des folgenden Sonntags und Montags geprüft wird und dabei noch der Monat wechselt, liegen die Rechenzeiten für *egrep* auf kleinen Anlagen im Bereich mehrerer -zig Sekunden (!). Das Beispiel eines *Shell*-Programms in Abbildung 57 zeigt, wie ein besseres *egrep*-Skript erzeugt werden kann. Außerdem ist ein *Shell*-Programm natürlich flexibler und läßt sich leichter an besondere Wünsche anpassen (siehe auch Fößmeier 1989).

Das erzeugte *egrep*-Skript lautet z. B. für dasselbe Datum

```
(^|[ (,;])((([Aa]pr[^ ]* *|0*4/|\*/)0*(16|17)))([^0-9]|$)
```

Es ist kürzer und wird durchschnittlich etwa doppelt so schnell ausgeführt. Das Programm kann leicht z. B. an die deutsche Datumsform angepaßt werden, indem das Schema *S* anders besetzt wird; zum Beispiel wird die Form „Tag.Monat" erkannt durch

```
S='(($TAGE)\.($MNAM|$MO))'
```

Nachteilig ist, daß alles Rechnen durch Aufrufe von *expr* geschehen muß. Bei Verwendung der *Korn-Shell* könnte die Arithmetik von der *Shell* selbst erledigt werden.

Beispiel B.3. C-Unterprogramm **zerleg** zur Zerlegung von feldstrukturierten S-Schnittstellen in ihre Felder. Der Parameter *s2* enthält die (gleichberechtigten) Trennzeichen, *s1* wird zerlegt. Ein Aufruf mit *s1=NULL* liefert das nächste Feld aus dem letzten *s1*. Ist kein Feld mehr vorhanden, so ist das Ergebnis *NULL*. Das Programm arbeitet ähnlich wie *strtok*, zwei Trenner hintereinander oder ein Trenner am Anfang oder am Ende begrenzen jedoch ein *leeres* Feld.

Die hier verwendeten Techniken (Gruppierung von Zeichen durch Aneinanderreihen, Abschluß durch \0, Gebrauch des *NULL*-Zeigers) sind typisch für die Bearbeitung von alphanumerischen Daten in C.

```
char *
zerleg(s1,s2)
    char *s1, *s2;
{
    static char *feld;                  /* merkt alten Rest */
    char *s;

    if (! s1) s1 = feld;                /* Rest verwenden */
    if (! s1) return NULL;              /* nichts zu tun */
    for (s = s1; *s; s++) {              /* Suche */
        char *t;
        for (t=s2; *t; t++)             /* nach allen Trennern */
            if (*s == *t) break;
        if (*t) break;                  /* bis einer gefunden ist */
    }
    if (*s == '\0') feld = NULL;        /* oder s zu Ende */
    else            feld = s+1;         /* Rest merken */
    *s = '\0';                          /* durch \0 abschließen */
    return s1;                          /* abliefern */
}
```

Die doppelte Schleife über s und t wird verlassen, wenn in der inneren Schleife ein Trennzeichen gefunden ist. Da die Anweisung *break* in C nur eine einzige Schleife verlassen kann, könnte hier ein *goto* Verwendung finden; üblich ist aber die Abfrage einer geeigneten Bedingung nach der inneren Schleife, die feststellt, ob die Schleife auf normalem Weg beendet wurde. Dazu müßte in diesem Fall **t* den Wert 0 haben; bei anderen Werten wird also auch die äußere Schleife beendet.

„Telefonbuch"	„Wörterbuch"

```
# Sortieren, Umlaute gelten      # Umlaute gelten wie der Grundvokal.
# wie ae, oe, ue;                # Jeder Umlaut wird zu Grundvokal+#.
# Jeder Umlaut wird durch        # an das Wort wird ein #
# Transskription+# ersetzt;      # und ein Leerzeichen angehängt,
# ß wird durch ss+# ersetzt      # dadurch Einordnen nach einem
#                                # gleichlautenden Wort ohne Umlaut
SED1='                          SED1='
s/\(A:/Ae#/g                    s/Ä\([A-ß]*\)/A#\1# /g
s/\(O:/Oe#/g                    s/Ö\([A-ß]*\)/O#\1# /g
s/\(U:/Ue#/g                    s/Ü\([A-ß]*\)/U#\1# /g
s/\(a:/ae#/g                    s/ä\([A-ß]*\)/a#\1# /g
s/\(o:/oe#/g                    s/ö\([A-ß]*\)/o#\1# /g
s/\(u:/ue#/g                    s/ü\([A-ß]*\)/u#\1# /g
s/ß/ss#/g                       s/ß/ss#/g
'                               '

SED2='                          SED2='
s/Ae#/Ä/g                       s/A#/Ä/g
s/Oe#/Ö/g                       s/O#/Ö/g
s/Ue#/Ü/g                       s/U#/Ü/g
s/ae#/ä/g                       s/a#/ä/g
s/oe#/ö/g                       s/o#/ö/g
s/ue#/ü/g                       s/u#/ü/g
s/ss#/ß/g                       s/ss#/ß/g
'                               s/# //g
                                '

          sed "$SED1" | sort -d | sed "$SED2"
```

Abb. 58. Alphabetisches Sortieren deutscher Texte mit *sed* und *sort*

Beispiel B.4. Abbildung 58 zeigt *sed*-Skripten für die Umkodierung deutscher Texte zum alphabetischen **Sortieren**, für die beiden in Abschnitt 6.4 beschriebenen Arten der Sortierung. Deutsche Texte werden zunächst so kodiert (SED1), daß die Sortierung mit dem Programm *sort* erfolgen kann, und anschließend wieder zurückkodiert (SED2). Die Buchstaben *ÄÖÜäöüß* können z.B. durch *[\]{|}~* dargestellt sein.

Beispiel B.5. Programm `look.c` zum schnellen Suchen in sortierten Listen (vgl. Abschnitt 3.3.3).

```c
#include <stdio.h>
#include <ctype.h>                          /* für „isalnum" ... */
#include <sys/types.h>
#include <sys/stat.h>                        /* für „stat" */

#define DLISTE   "/usr/dict/words"
#define BLO      512
#define istlex(c) (isalnum(c) || isspace(c))
```

Einige globale Variablen sind für mehrere Unterprogramme wichtig:

```c
char *komname;
int lex = 0, fol = 0;
FILE * liste;

main(pz,pw)
    int pz;
    char **pw;
{
    int lm, v, c, gefunden = 0;
    char *muster, *name, *m, *s;
    struct stat stpuf;
    long p0, p1;

    extern char *optarg;                     /* für „getopt" */
    extern int optind;
```

Optionen werden verarbeitet, globale Variablen werden besetzt:

```c
    komname = pw[0];                         /* für „fehler" */
    while ((c = getopt(pz,pw, "fl")) != EOF)
        switch (c) {
        case 'f':    fol = 1; break;
        case 'l':    lex = 1; break;
        }

    if (optind >= pz)
        fehler (2, "Suchmuster ?", "");  /* Kein Suchmuster! */
    muster = pw[optind++];

    if (optind >= pz) {
        name = DLISTE;                       /* Standardwert */
        fol = 1;
    }
    else name = pw[optind];
```

Das Suchmuster wird entsprechend den Optionen vorbereitet:

```c
for (s = m = muster; *s; s++) {        /* Muster aufbereiten */
    if (lex)                           /* Sonderz. überspringen */
        while (! istlex(*s)) s++;
    if (fol)                           /* Kleinbuchstaben */
        *s = tolower(*s);
    if (*s == '\\') continue;
    else if (*s == '$') *m++ = '\n';   /* $ = Zeilenende */
    else *m++ = *s;
}
*m = '\0';
lm = strlen(muster);
```

Eröffnen der Datei, Bestimmen der Länge:

```c
if ((liste = fopen(name, "r")) == NULL)
    fehler (2, "Datei %s nicht gefunden\n", name);
if (fstat(liste->_file, &stpuf))              /* Länge = ? */
    fehler (2, "Fehler in stat(%s)", name);
```

Die untere und obere Grenze für das Bisektionsverfahren werden initialisiert: *p0* zeigt immer vor die Suchstelle, *p1* immer dahinter.

```c
p0 = 0;
p1 = stpuf.st_size;

while (p1 > p0+1) {                       /* Intervallschachtelung */
    long pos = (p0+p1)/2;

    v = suche (pos, muster, lm);
    if (v < 0)
        p0 = pos;
    else {
        p1 = pos;
        if (v == 0) gefunden = 1;
    }
}
if (! gefunden)
    fehler(1, "Muster '%s' nicht gefunden", muster);
drucke(p0, muster, lm);
exit(0);                                  /* alles in Ordnung */
}
```

Das Unterprogramm *suche* übernimmt die eigentliche Sucharbeit:

```
int
suche(pos, muster, l)                       /* sucht in Datei „liste“ */
    long pos;                               /* ab Position „pos“ */
    char *muster;                           /* das „muster“ */
    int l;                                  /* der Länge „l“ */
{
    int e, c;
    char puf[BLO];

    fseek(liste, pos, 0);                   /* Positionieren */
    fgets(puf, BLO, liste);                 /* Zeile überlesen */
    fgets(puf, BLO, liste);                 /* Zeile lesen */
    e = vgl(puf, muster, l);                /* vergleichen */
    return e;                               /* Ergebnis */
}
```

Das Unterprogramm *drucke* gibt die gefundenen Zeilen aus:

```
drucke(pos, muster, l)                      /* druckt aus Datei „liste“ */
    long pos;                               /* ab Position „pos“ */
    char *muster;                           /* alle Zeilen mit Anfang „muster“ */
    int l;                                  /* (Länge l) */
{
    char puf[BLO];

    fseek (liste, pos, 0);
    fgets(puf, BLO, liste);                 /* Zeile überlesen */
    do {
        fgets(puf, BLO, liste);
    } while (vgl(puf, muster, l));          /* falsche Z. überlesen */
    do {
        fputs(puf, stdout);                 /* Zeilen ausdrucken */
        fgets(puf, BLO, liste);
    } while (!vgl(puf, muster, l));         /* solange sie passen */
}
```

Das Unterprogramm *vgl* untersucht, ob die Zeichenreihe *s1* kleiner, gleich oder
größer als *s2* ist. Es werden *n* Zeichen betrachtet. Beim Aufruf in *suche* ist *s2* das
Suchmuster.

```
int
vgl(s1, s2, n)                              /* vergleicht „s1“ */
    char *s1, *s2;                          /* mit Muster „s2“ */
    int n;                                  /* der Laenge „n“ */
{
    int c1=0, c2=0;
    while (n--) {
        if (lex) while (*s1 && ! isalnum(*s1)) s1++;
        if (fol) c1 = tolower(*s1);
        else c1 = *s1;
```

```
        c2 = *s2;
        if (c1 != c2) break;
        s1++; s2++;
    }
    return c1 - c2;
}
```

Das Unterprogramm *fehler* druckt im Bedarfsfall eine Meldung, die auch den Kommandonamen umfaßt, und bricht das Programm ab.

```
fehler(r, f, s)
    int r;
    char *f, *s;
{                                               /* druckt */
    fprintf(stderr, "%s: ", komname);/* den Kommandonamen, */
    fprintf(stderr, f, s);              /* Meldung "s" im Format "f" */
    fprintf(stderr, "\n");
    exit(r);                                    /* und bricht ab */
}
```

Beispiel B.6. Shell-Kommandoskript `diff.sh` zur Verarbeitung von FIFOs (benannten *Pipes*) durch *diff*:

diff (vgl. Abschnitt 3.2.5) will seine Eingabeströme mehrmals lesen; FIFOs müssen daher in temporäre Dateien kopiert werden. Dabei ist Verschiedenes zu berücksichtigen:

1. Die möglichen Optionen für *diff* müssen abgefragt werden; es könnte ja z. B. ein FIFO mit dem Namen „–h" existieren, das sonst bei *diff -h* versehentlich mitkopiert würde. Das Kommando *getopt* trennt Optionen und Namensparameter durch „––". Das Auftreten von „––" wird in der Variablen *VGL* gemerkt, die anzeigt, daß alle Optionen verarbeitet und somit alle weiteren Parameter Vergleichsoperanden sind, die im Falle von FIFOs (erkennbar durch „*test -p*" bzw. „*[-p]*") kopiert werden müssen. Alle Parameter werden in *PAR* gesammelt.

2. Für die Zwischendatei wird ein unverwechselbarer Name benötigt, der mit Hilfe der Prozeßnummer ($$) in der Variablen *TMP* gebildet wird. Nach dem Kopieren wird in *PAR* der neue Name eingesetzt. Für den Fall, daß auch der zweite Operand ein FIFO ist, muß ein zweiter Name bereitgestellt werden.

3. Da bei zwei FIFOs nicht feststeht, in welcher Reihenfolge sie beschrieben werden, muß das Kopieren asynchron, also im Hintergrund, geschehen. Dafür sorgt die *Shell* durch das Zeichen „&". Vor der Ausführung von *diff* muß durch *wait* das Ende der Kopierprozesse abgewartet werden.

4. Falls das Kommando durch ein Signal unterbrochen wird, müssen die Kopierprozesse beendet und die Hilfsdateien gelöscht werden. Daher ist es nötig, die Prozeßnummern ($!) und die Dateinamen für die Kommandos *kill* und *rm* zu speichern, wozu die Variablen *KILL* und *RM* dienen. Das Kommando *trap* sorgt für das Abfangen der Unterbrechungssignale.

<code>diff.sh</code>

```
VGL=                                        # Vergleichsobjekt?
PAR=                                        # Parameter für diff
TMP=/tmp/dif$$                              # Name f. temp. Datei
KILL=                                       # Parameter für kill
RM=                                         # Parameter für rm
trap 'kill $KILL; rm -f $RM; exit' \
    1 2 3                                   # Signale abfangen
for P in `getopt "efbh" $*`
do  if    [ "$P" = "--" ]                   # Optionen erledigt?
       then VGL="ja"
    elif [ "$VGL" = "ja" -a -p "$P" ]       # FIFO?
       then cp $P $TMP &                     # Kopieren, im HGr.
            KILL="$KILL $!"                  # für kill merken
            P="$TMP"                         # Neuer Parameter
            RM="$RM $TMP"                    # zum Löschen merken
            TMP=${TMP}2                      # neuer /tmp-Name
    fi
    PAR="$PAR $P"                            # Parameter sammeln
done
wait                                        # Kopieren abwarten
diff $PAR                                   # eigentliches diff
rm -f $RM                                   # Reste löschen
```

Beispiel B.7. Erzeugen von Verweisen in Texten mit *troff* und *m4*.

Will man mit dem Textformatierer *troff* symbolische Marken in einen Text setzen und sich in Querverweisen auf diese beziehen, so stört die Beschränkung der Registernamen auf eine Länge von zwei Zeichen sehr. Es liegt daher nahe, *troff* zu diesem Zweck mit dem Makro-Expandierer *m4* zu kombinieren.

Damit auch Voraus-Verweise möglich sind, müssen die Marken in einer Datei gesammelt werden, die beim nächsten Durchlauf vorgeschaltet wird (s. Abbildung 59). Wie im Abschnitt 5.1.3 beschrieben, kann *troff* nur auf Standard- und Fehlerkanal ausgeben. Benutzt man den Fehlerkanal zur Erzeugung der Makro-Definitionen, so sind Fehlermeldungen nicht mehr möglich. Vorteilhafter ist es,

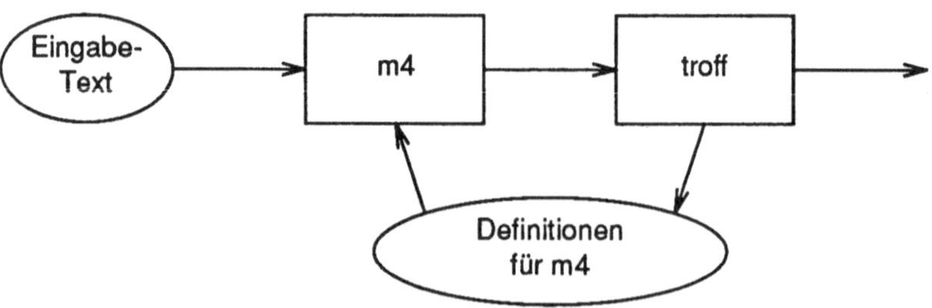

Abb. 59. Querverweise in *troff* mit *m4*

die Definitionen als Kommentare (mit #) in die Standardausgabe einzustreuen und anschließend daraus zu extrahieren. Das Einfügen in die Ausgabe erfolgt durch die *troff*-Anweisung \ !; dahinter folgt eine Kennung *m4*, die ein Extrahieren mit dem Kommando *grep* erlaubt. Eine solche Definitionszeile lautet also in der Eingabe an *troff* etwa:

```
\!#m4 define(marke_kapitel_troff,5)
```

Ein *troff*-Makro macht die Benutzung eleganter, besonders wenn in einem Register die jeweilige Kapitelnummer zur Verfügung steht. Abbildung 60 zeigt ein solches Makro *Ma*; das Register für die Kapitelnummer heiße *$n*. Das Kommando *grep* sucht die Definitionen aus der Ausgabe, *cut* entfernt das Kommentarsymbol # und die Kennzeichnung *m4*. Nach jeder Änderung sind natürlich zwei Durchläufe erforderlich, bis auch die geänderten Marken in der Ausgabe erscheinen.

```
.de Ma \" erzeugt eine m4-Definition
\!#m4\t'define(\\$1,\\*($n)dnl'
..
.Ma marke_kapitel_troff
```
```
Ergebnis:
#m4        define(marke_kapitel_troff,5)
```
```
Kommandos:
m4 marken text | troff ... >tr.aus
grep '^#m4' tr.aus | cut -f2- >marken
```

Abb. 60. *troff*-Makro für Querverweise

Eine Verbesserung der beschriebenen Technik bietet einen Schutz gegen falsch geschriebene Marken: Marken werden nicht durch sich selbst, sondern durch ein spezielles *m4*-Makro *_ref_* aufgerufen, das prüft, ob die Marke als Makro definiert ist. Zur Sicherheit gegen zufälliges Auftreten des Markennamens wird jeder Marke das Wort *mArKe* vorangestellt. Abbildung 61 zeigt die nötigen Definitionen. Im Aufruf von *ifdef* müssen sowohl die Marke als auch der Aufruf von *errprint* in Anführungszeichen eingeschlossen werden; sonst würde statt des Markennamens der Marken*wert* eingesetzt, und *errprint* würde bereits bei der Vereinbarung des Makros *_ref_* ausgeführt. Aus demselben Grund werden bei der Definition des *troff*-Makros *Ma* die Abstriche bei den Parametern *$1* und *$2* verdoppelt; auch sie sollen ja erst bei Ausführung, nicht bei Definition des Makros wirksam werden.

```
define(_ref_,'ifdef('mArKe_$1',mArKe_$1,dnl
   'errprint(Marke $1 ist nicht definiert
)')')dnl
.de Ma \" erzeugt eine m4-Definition
\!#m4\t'define(mArKe_\\$1,\\*($n)dnl'
..
.Ma kapitel_troff
...
Im Abschnitt _ref_(kapitel_troff) ...
```
```
Ergebnis:
#m4        define(mArKe_kapitel_troff,5)
...
Im Abschnitt 5 ...
```

Abb. 61. Verbesserte Makros für Querverweise

Die beschriebene Technik ist sehr ähnlich der im Formatierer LATEX verwendeten; da *troff* weder lange Makro-Namen kennt noch mehrere Ausgabedateien schreiben kann, müssen andere UNIX-Werkzeuge wie *m4*, *grep* und *cut* einspringen.

Glossar

Abschirmen

Aufheben der Sonderbedeutung eines Steuerzeichens, durch Davorstellen eines dazu bestimmten anderen Steuerzeichens; UNIX-Programme verwenden häufig den → Abstrich.

Abstrich

der umgekehrte Schrägstrich „\"; er wird häufig als Steuerzeichen, z. B. als Kommando-Einleitung oder zum Abschirmen (→ Zitieren) anderer Steuerzeichen verwendet.

Anführungszeichen

1. Zeichen in Form doppelter Hochkommas (Doppelapostroph, ")

2. = → Zitierklammer

Antwort-Kode

→ Ende-Status.

Ende-Status

Eine ganze Zahl, die ein Prozeß bei seiner Beendigung an den aufrufenen Prozeß zurückgibt (engl. *return code*). Diese Zahl gehört zur R-Schnittstelle. Der Ausdruck *Ende-Status* wird im System-V-Handbuch (1988) benutzt; Wolek (1990) (Abschnitt 5.3); verwendet die Bezeichnung *Antwortcode*.

Fehlerkanal

auch Diagnosekanal: Der Ausgabekanal Nummer 2 eines UNIX-Programms, auf den normalerweise Fehler- und andere Meldungen geschrieben werden, die den Benutzer auch beim umgelenkter Standardausgabe (Kanal 1) direkt erreichen sollen.

FIFO

(first in, first out) Ausdruck, der das Prinzip der Warteschlange kennzeichnet; in UNIX: vom System verwalteter Pufferspeicher, der die Ausgabe eines Programms mit der Eingabe eines anderen verbindet (benannte *Pipe*). Verfügt im Gegensatz zur einfachen *Pipe* über einen Dateiknoten (N-Schnittstelle) und einen Namen.

Fließband

(pipeline) eine Kette von Kommandos, deren Standardausgabe über *Pipes* mit der Standardeingabe des jeweils nächsten verbunden ist.

Gegenschrägstrich

= → Abstrich

Katalog

1. Liste von Meldungstexten in NLS (s. Abschnitt 6).

2. = → Verzeichnis.

Klient

ein Programm, das von einer anderen, passiv wartenden Einheit (→ *Server*) aktiv einen Dienst in Anspruch nimmt; i.w.S. auch der Rechner, auf dem dieses Programm läuft.

Metazeichen

Steuerzeichen in regulären Ausdrücken, das nicht für sich selbst, sondern für andere Zeichen steht.

Neue Zeile, NL

(vom engl. *new line*, DIN 66003) Steuerzeichen, das am Sichtgerät oder Drucker einen Vorschub um eine Zeile und einen Wagenrücklauf bewirkt; in UNIX dargestellt durch das Zeichen *LF* mit der ASCII-Nummer 10, in C dargestellt durch \n. UNIX-Treiberprogramme ergänzen bei der Ausgabe einen Wagenrücklauf (CR, \r), so daß am Anfang der nächsten Zeile weitergeschrieben wird. *NL* wird von vielen UNIX-Programmen als Trenner von Datensätzen (Zeilen) verwendet.

Pipe

engl. Wort für eine Verbindung zwischen zwei Prozessen, bei der die Ausgabe des ersten zur Eingabe des zweiten wird. Vgl. Abschnitt 2.4.5. Benannte *Pipe (named pipe)*: = FIFO.

Server

ein Programm oder Gerät, das passiv eine Dienstleistung anbietet, indem es auf einen Auftrag eines → Klienten wartet. Beispiele sind Datenbank-*Server* oder *Server* für das grafische Fenster-System X.

Shell

engl. Ausdruck für einen UNIX-Kommandointerpretierer, ein Programm, das Eingaben des Benutzers in Kommando-Aufrufe umsetzt. Vgl. Abschnitt 3.1.

Steuerzeichen

Zeichen, das die Übertragung oder die Verarbeitung von Zeichen beeinflußt (DIN 44300, Nr. 2.2.08).

Trenner

Sammelbegriff für → Trennzeichen und → Trennraum.

Trennzeichen, Informationstrennzeichen

ein Steuerzeichen, das eine Folge von Zeichen begrifflich gliedert (DIN 44300, Nr. 2.2.07), also z.B. gleichrangige Strukturelemente (Felder, Datensätze) in einem Datenstrom trennt. Das Trennzeichen gehört nicht zu den angrenzenden Strukturen. Zwei aufeinanderfolgende Trennzeichen begrenzen ein leeres Feld bzw. einen leeren Datensatz.

Trennraum

Folge von einem oder mehreren Zeichen, von denen jedes als Trenner dienen könnte, die aber zusammen nur einen Trenner darstellen. Wenn eine Struktur Trenn*raum* statt Trenn*zeichen* benutzt, kann sie keine leeren Felder enthalten. Meist besteht Trennraum aus Leerzeichen und Tabulatoren; man spricht dann auch von *Leerraum* oder *Zwischenraum*.

Verzeichnis, Dateiverzeichnis

UNIX-Datei, die aus Verweisen auf andere Dateien besteht; Nicht-Blatt im Dateibaum.

Zitieren

Anführen eines Textstückes zur „wörtlichen", nicht interpretierenden Übernahme. Zitieren kann erfolgen durch Abschirmen aller Steuerzeichen durch ein besonderes Steuerzeichen (in UNIX meist der Abstrich). In vielen Schnittstellen existieren aber auch → Zitierklammern (Anführungszeichen), die die Sonderbedeutungen aller geklammerten Zeichen aufheben. Vgl. Abschnitt 2.4.2.

Zitierklammer

auch *Zitat*klammer: Jedes von zwei (gleichen oder unterschiedlichen) Zeichen (oder Zeichenfolgen), die Sonderbedeutungen der Zeichen aufheben, die von den beiden Zitierklammern eingeschlossen (geklammert) sind, die also die eingeschlossene Zeichenreihe → zitieren; = *Anführungszeichen 2*. Bei Verwendung von Zitierklammern ergibt sich das Problem, wie ein Text zitiert wird, der eine (rechte) Zitierklammer enthält. Es kann durch Verdoppeln oder Abschirmen der Klammer oder gar nicht gelöst sein.

Literatur

Aho AV, Kernighan BW, Weinberger PJ, *Awk — A pattern scanning and processing language.*

Baber RL, *Softwarereflexionen — Ideen und Konzepte für die Praxis,* Springer-Verlag, Berlin, 1986.

Bach F, Domann P, Weng-Beckmann U, *UNIX. Handbuch zur Programmierung,* Carl Hanser Verlag, München, 1987.

Banahan M, Rutter A, *UNIX lernen, verstehen, anwenden,* Carl Hanser Verlag, München, 1984.

Bauer FL, *Informatik I,* HTB 80, Springer-Verlag, Berlin, 1973.

Bourne SR, *Das UNIX-System,* Addison-Wesley, Bonn, 1985.

Buschlinger E, *Software-Entwicklung mit UNIX,* Teubner, Stuttgart, 1985.

Corbin J, Silveri C, Open network programming, *Unix World,* Nr. 1989/12, S. 115–128.

Detering R, *UNIX-Handbuch,* Sybex-Verlag, Düsseldorf, 1984.

DIN 44 300, *Informationsverarbeitung, Begriffe,* Deutsches Institut für Normung.

DIN 66 003, *Informationsverarbeitung, 7-Bit-Code,* Deutsches Institut für Normung.

DIN 66 303, *Informationsverarbeitung, 8-Bit-Code,* Deutsches Institut für Normung.

Fößmeier R, Verarbeitung deutscher Texte ohne NLS, *GUUG-Nachrichten,* Nr. 14, S. 9–15, Juni 1988.

Fößmeier R, Better and faster calendar (in: Wizard's Grabbag, R Thomas), *UNIX/World,* Nr. 9/1989, S. 115–116.

Foxley E, *UNIX für Super-User,* Addison-Wesley, Bonn, 1988.

Gulbins J, *UNIX. Eine Einführung in Begriffe und Kommandos von UNIX – Version 7, bis System V.3,* Springer-Verlag, Berlin, 3. Aufl. 1988.

Jänsch Chr, Rüde U, Schnepper K, Macro expansion, a tool for the systematic development of scientific software, TUM-I8814, Technische Universität München, München, 1988.

Johnson SC, Yacc: yet another compiler-compiler, Comp. Sci. Tech. Rep. Nr. 32, Bell Laboratories, Murray Hill, New Jersey, Juli 1975. (bei Kernighan u. McIlroy, 1978)

Kernighan B, Pike R, *Der UNIX-Werkzeugkasten,* Carl Hanser Verlag, München, 1987.

Kernighan BW, McIlroy MD, *UNIX programmer's manual,* Bell Laboratories, 7th edition 1978.

Kühn E, Schikuta E, *UNIX FORUM III – 87,* Österreichische Computer-Gesellschaft, Wien, 1987.

Lesk ME, Lex — A lexical analyzer generator, Comp. Sci. Tech. Rep. Nr. 39, Bell Laboratories, Murray Hill, New Jersey, Oktober 1975. (bei Kernighan u. McIlroy, 1978)

Lesk ME, Tbl — a program to format tables, Bericht Nr. 49, Bell Laboratories, 1976. (in der Troff-Beschreibung)

Leut J, Mein Unix kommt mir spanisch vor, *unix/mail,* Nr. 2/90, S. 63–65.

Palmer JF, Morse SP, *Die mathematischen Grundlagen der Numerik-Prozessoren 8087/80287,* te-wi Verlag, München, 1985.

Peterson JL, Silberschatz A, *Operating system concepts,* Addison-Wesley, Reading, 1985.

Probst A, *Ami-Deutsch,* Fischer-Taschenbuch-Verlag, Frankfurt, 1989.

Roddy KP, *UNIX nroff/troff user's guide,* Holt, Rinehart and Winston, New York, 1987.

Rüde U, Zenger Chr, *A workbench for multigrid methods,* Institut f. Informatik, Techn. Univ. München, 1986.

Schreiner AT, Friedman HG, *Compiler bauen mit UNIX,* Carl Hanser Verlag, München, 1985.

UNIX System V user's reference manual, deutsche Ausgabe, Prentice Hall, (Carl Hanser, München), 1988.

Wolek H, *OS/2. Einführung,* Oldenbourg-Verlag, München, 1990.

Tabellenverzeichnis

Sachverzeichnis[*]